Michel Pastoureau

Dictionnaire des couleurs de notre temps

Symbolique et société

BONNETON

Principaux ouvrages du même auteur

Les Armoiries, Turnbout, Brépols, 1976 (*Typologie des sources du Moyen Age occidental*, vol. 20).
La Vie quotidienne en France et en Angleterre au temps des chevaliers de la Table Ronde. Paris, Hachette, 1976.
Traité d'héraldique, Paris, Picard, 1976.
Les Sceaux, Turnhout, Brépols, 1981 (*Typologie des sources du Moyen Age occidental*, vol. 36).
Bibliographie de la sigillographie française. Paris, Picard, 1982 (en collaboration avec R. Gandilhon).
L'hermine et le sinople. Études d'héraldique médiévale. Paris, Le Léopard d'or, 1982.
Armorial des chevaliers de la Table Ronde. Paris, Le Léopard d'or, 1983.
Jetons, méreaux et médailles. Turnhout, Brépols, 1984 (*Typologie des sources du Moyen Age occidental*, vol. 42).
Histoire de France (987-1483). Paris, Larousse, 1986, 2 vol.
Figures et couleurs. Études sur la symbolique et la sensibilité médiévales. Paris, Le Léopard d'or, 1986.
L'Uomo et il colore. Rome, Storia, 1987 (coll. Storia et Dossier, vol. 5).
Le Cochon. Histoire, symbolique et cuisine du porc. Paris, Éd. Sang de la terre, 1987 (en collaboration avec J. Verroust et R. Burren).
Couleurs, images, symboles. Études d'histoire et d'anthropologie. Paris, Le Léopard d'or, 1989.
L'Échiquier de Charlemagne. Un jeu pour ne pas jouer. Paris, Éd. Adam Biro, 1990.
Europe. Mémoire et emblèmes. Paris, Éditions de l'épargne, 1990 (en collaboration avec Jean-Claude Schmitt).
Pièces d'échecs. Paris, Bibliothèque nationale, 1990.
La Bible et les saints. Guide iconographique. Paris, Flammarion, 1990 (en collaboration avec G. Duchet-Suchaux).
L'Etoffe du Diable. Une histoire des rayures et des tissus rayés. Paris, Le Seuil, 1991.
Figures de l'héraldique, Paris, Gallimard, 1996.
Jésus chez le teinturier. Couleurs et teintures dans l'Occident médiéval, Paris, Le Léopard d'or, 1998.
Les Emblèmes de la France, Paris, Bonneton, 1998.

A la mémoire de mon père,
Henri Pastoureau (1912-1996),
qui a toujours aimé la couleur rouge

Auf die Frage : « was bedeuten die Wörter rot, blau, schwarz, weiss ? » können wir freilich gleich auf die Dinge zeigen, die so gefärbt sind. Aber weiter geht unsere Fähigkeit die Bedeutungen dieser Wörter zu erklären nicht.

Si l'on demande : « que signifient les mots rouge, bleu, noir, blanc ? » nous pouvons bien entendu montrer immédiatement des choses qui ont de telles couleurs. Mais notre capacité à expliquer la signification de ces mots ne va pas plus loin.

Ludwig Wittgenstein, *Bemerkungen über die Farben*, 1, 68.

Présentation

Ce dictionnaire se voudrait instructif, certes, mais aussi récréatif. A la fois pour le lecteur et pour l'auteur. Dans mon travail de longue haleine sur l'histoire et l'anthropologie des couleurs - travail commencé il y a une quinzaine d'années et qui devrait bientôt se concrétiser par la parution d'un ouvrage de synthèse - j'ai en effet souhaité faire une pause. Délaissant les cultures anciennes et l'érudition médiévale, je me suis penché sur la place de la couleur dans la société française contemporaine. N'étant ni sociologue ni véritable spécialiste du XXe siècle, j'ai donné aux pages qui suivent un tour quelque peu débridé. Mes remarques s'appuient parfois davantage sur des observations empiriques, des impressions personnelles ou des mouvements d'humeur que sur des enquêtes exhaustives, des lectures savantes, des analyses scientifiques. J'ai toutefois accompagné ces remarques de réflexions plus solidement historiques, inscrites dans la longue durée. Les couleurs du temps présent ne peuvent se comprendre que par rapport à celles des temps passés, avec lesquelles elles sont en continuité ou, plus rarement, en rupture. Parler des pratiques et des significations de la couleur dans le monde d'aujourd'hui c'est opérer nécessairement quelques retours en arrière, les uns vers les XVIIIe et XIXe siècles, les autres plus en amont.

Dans l'histoire occidentale de la couleur, il me semble exister trois phases de mutations essentielles, sur l'acquis desquelles nous vivons encore partiellement. D'abord le Moyen Age féodal (XIe-XIIIe siècle) qui voit disparaître la très vieille organisation ternaire des couleurs, remontant à la protohistoire et construite autour de trois pôles seulement : le blanc, le rouge et le noir ; lui succède un nouvel ordre des couleurs articulé autour de combinatoires nouvelles, au sein desquelles six couleurs jouent désormais un rôle prépondérant : le blanc, le noir, le rouge, le bleu, le vert et le jaune. Puis la fin du Moyen Age et les débuts des Temps modernes qui, en quelques décennies (vers 1450-vers 1550), à cause de la diffusion de l'imprimerie et de l'image gravée, à cause aussi de la Réforme protestante et des nouvelles morales sociales et religieuses qui l'accompagnent, font sortir le noir et le blanc de l'ordre des couleurs, préparant ainsi le terrain aux expériences de Newton et à la mise en valeur du spectre (inconnu des sociétés antiques et médiévales). Enfin les débuts de la révolution industrielle (vers 1750-vers 1850), lorsque pour la première fois de son histoire, l'homme européen est enfin capable de fabriquer, tant dans le domaine des teintures que dans celui des peintures, une nuance précise de couleur qu'il a choisie à l'avance sur un nuancier (auparavant, on ne sait que s'en approcher) ; plus qu'un simple progrès technique, il s'agit là d'un changement culturel de portée considérable. Ces différentes phases, ces différentes transformations, ces différents systèmes ont laissé des traces profondes et nombreuses dans nos conceptions et nos définitions de la couleur, dans les usages qui sont les nôtres aujourd'hui, dans nos codes et nos rituels, dans notre vocabulaire, notre imagination, notre sensibilité. Il fallait donc en parler, au moins brièvement.

Mon propos étant débridé, et la couleur étant un sujet pratiquement impossible à faire entrer dans un plan structuré (tous les problèmes, qu'ils soient chimiques ou techniques, idéologiques ou symboliques, artistiques ou oniriques, se posent toujours tous à la fois, jamais isolément), j'ai choisi de présenter mes remarques et mes réflexions sous la forme d'un dictionnaire. Il m'a paru que c'était la formule la plus légitime - parce que vraiment artificielle - pour un travail nécessairement non exhaustif, provisoire, débarrassé de toute contrainte érudite, mais donnant constamment priorité à l'exposé des problèmes sur celui des faits. Il m'a semblé aussi que, pour le lecteur, cette formule autorisait une consultation plus ludique, moins passive, une lecture « dans le désordre », au gré des curiosités, des engouements ou des interrogations du moment. La couleur est quelque chose de tellement subjectif qu'elle se prête sans doute mieux que tout autre sujet à ce type d'investigation.

J'ai retenu une centaine d'entrées (elles auraient pu être multipliées par dix ou par vingt), les unes consacrées aux usages et aux codes sociaux de la couleur (c'est là où le sociologue, l'historien et l'anthropologue ont le plus de prise), les autres aux faits de lexique et de sensibilité, d'autres encore à des questions théoriques, concernant notre savoir quant à la nature et à la perception des couleurs. Sous forme de tableaux, j'y ai ajouté, pour chacune des six couleurs de base de la culture européenne - blanc, noir, rouge, bleu, vert, jaune - un bilan de ses fonctions et significations dans la société d'aujourd'hui (ici, il convient d'oublier tout ce que nous avons appris sur la distinction entre couleurs primaires et couleurs complémentaires : elle n'a aucune réalité ni sociale ni culturelle). Certaines notices sont courtes, d'autres, beaucoup plus longues ; certaines présentent quelques réflexions sous forme de questions ou de boutades ; d'autres constituent presque de véritables essais (*Bleu, Design, Drapeaux, Préférences, Sport*). Le sujet m'a semblé permettre, sinon réclamer, cette alternance.

On me pardonnera quelques répétitions, inévitables dans un dictionnaire. On me pardonnera aussi plusieurs partis pris. Je suis de ceux qui estiment que la couleur est un phénomène culturel, étroitement culturel, qui se vit et se définit différemment selon les époques, les sociétés, les civilisations. Il n'y a rien d'universel dans la couleur, ni dans sa nature ni dans sa perception. Par là même, je ne crois guère à la possibilité d'un discours scientifique univoque sur la couleur, fondé uniquement sur les lois de la physique, de la chimie, des mathématiques et de la neurobiologie. Pour moi, une couleur qui n'est pas regardée est une couleur qui n'existe pas (en ce sens, je donne volontiers raison à Gœthe contre Newton). Le seul discours possible sur la couleur est d'abord de nature sociale et anthropologique.

On me pardonnera enfin un certain nombre de préférences ou de répulsions personnelles. Elles ne pouvaient pas ne pas transparaître dans un tel livre : mon attirance pour les couleurs froides, ma sympathie pour les verts et pour les gris, mon aversion pour la plupart des roses et des violets, ma phobie de l'or, du doré et de toutes les couleurs qui brillent ou qui scintillent. Comme saint Bernard au XIIe siècle, je pense que le clair n'est pas le brillant. Comme lui, je préfère le camaïeu au bariolage, la sobriété à la polychromie, les couleurs retenues aux couleurs débauchées.

avril 1992

*La première édition de ce dictionnaire, publiée au printemps 1992, a rapidement été épuisée et dut être retirée trois fois. Aujourd'hui, sept ans après sa parution, elle se trouve de nouveau épuisée. Il a semblé utile d'en proposer une nouvelle édition, revue et complétée. Toutes les notices ont donc été relues et actualisées. L'importante bibliographie qui termine l'ouvrage a été mise à jour. Enfin, et surtout, une vingtaine de notices, dont quelques-unes fort développées (*Bleu, Design*), ont été ajoutées, portant le total au nombre de cent.*

Souhaitons que cette nouvelle édition rencontre le même succès que la première et aide à mieux cerner, comprendre et apprécier la place de la couleur dans les sociétés contemporaines.

février 1999

Aliments

Aujourd'hui les colorants alimentaires chimiques semblent un danger pour la santé et une tromperie industrielle et commerciale. On cherche à en éviter l'emploi, à les faire le plus discret possible, et au contraire à mettre en valeur les colorants « naturels » (qu'est-ce au juste qu'un colorant naturel ?) ou, mieux encore, à vanter l'absence de tout colorant. Il n'en a pas toujours été ainsi. Bien au contraire, des époques relativement récentes ont eu la passion des colorants chimiques dans l'alimentation. Ainsi les années cinquante, qui ont inventé le slogan « la couleur fait vendre ». Je me souviens fort bien du cas des yaourts : lorsqu'à côté des yaourts ordinaires apparurent des yaourts parfumés, le pot resta en verre transparent mais le couvercle, jusque-là argenté, se colora : rose pour la fraise, jaune pour la banane, bleu pour la vanille. Puis, comme si cela ne suffisait pas, le laitage lui-même prit des couleurs, et pour consommer un yaourt à la fraise il fallut désormais absorber un produit de couleur rose, sans que le goût ne soit en rien transformé par rapport au stade précédent. Mais pour la saveur vanille se présenta une difficulté : pouvait-on colorer en bleu un produit alimentaire ? La réponse fut négative. De fait, la nature et l'habitude nous font manger une foule d'aliments s'inscrivant dans la gamme des jaunes, des verts, des blancs et des rouges ; plus rares sont ceux qui s'inscrivent dans celle des noirs ; mais il n'en existe pratiquement aucun qui prenne place dans celle des bleus. Avaler de la couleur bleue reste exceptionnel, et relève en général de la médecine (calmants, somnifères). Les produits alimentaires fabriqués par des firmes industrielles se doivent donc d'éviter cette couleur.

Voir aussi *Bière, Médicaments, Saumon, Viande, Vin.*

Animal

Que pouvons-nous vraiment savoir de la perception des couleurs par les animaux ? Toutes les expériences, tous les stimuli, tous les tests, toutes les observations, toutes les mesures, tous les calculs, toutes les grilles d'analyse et d'interprétation sont établis, réalisés, codés et décodés par l'homme. Que nous apprennent-ils réellement sur l'animal ? A peu près rien, sinon que les résultats de ces expériences, totalement anthropocentriques, peuvent être, d'une espèce animale à l'autre, tantôt ressemblants tantôt différents. Que les abeilles semblent ainsi excitées par certaines couleurs et les taureaux par d'autres. Ou bien que les taupes et les oiseaux nocturnes paraissent distinguer dans la gamme des gris plus de nuances que les baleines ou les marsupiaux. C'est peu en effet. Et c'est en outre très contestable.

Voir aussi *Aveugle, Caméléon, Cochon, Daltonisme, Taureau, Tests.*

Arbitre

Sur les terrains de sport, certains acteurs remplissent une fonction spécifique qui nécessite, visuellement, un écart vestimentaire et chromatique bien marqué. Ainsi au football, les deux gardiens de but, qui ont l'immense avantage de prendre le ballon à la main, et l'arbitre, qui incarne l'autorité.

L'usage pour le gardien d'un maillot de couleur différente de celui de ses partenaires est ancien mais ne semble s'être généralisé qu'au début de notre siècle. Rapidement, il a constitué une touche de couleur vive au milieu d'un ensemble plus terne ou plus sombre. Ce sont les gardiens de but qui les premiers ont apporté sur les terrains de football des couleurs exotiques ou transgressives. La seule couleur qui leur soit interdite est le noir, depuis longtemps réservé à l'arbitre et aux deux juges de touche. Mais ici encore il est difficile de dater avec précision le moment où les arbitres de football se sont régulièrement vêtus de noir. Peut-être vers 1925. Auparavant, l'arbitre portait souvent un maillot rayé noir et blanc verticalement, la rayure constituant toujours une marque signalétique plus forte que l'uni. Dans certains sports (boxe, base-ball, basket-ball, hockey sur glace, etc.), notamment aux États-Unis et au Canada, les arbitres ont conservé jusqu'à nos jours une semblable tenue rayée. Dans d'autres sports, le rugby par exemple, des couleurs vives ont récemment remplacé les rayures ou le noir uni, portés par les arbitres des périodes anciennes.

En football, il n'en a pas été ainsi : le noir s'est imposé et maintenu. Dans les sociétés occidentales, cette couleur a longtemps été celle de l'autorité, prise dans sa double fonction de police et de justice. Comme le juge et le gendarme, l'arbitre se devait d'être vêtu de noir, tout de noir, ce qui autrefois ne manquait pas d'impressionner les joueurs et les spectateurs. L'homme en noir faisait peur et imposait le respect (est-ce encore le cas ?). A la tenue noire l'arbitre ajoute le sifflet - attribut premier du policier en milieu urbain - et une gestualité fortement codée. On peut remarquer que, contrairement aux gendarmes et aux policiers, de plus en plus présents et nombreux autour des terrains de football, les arbitres n'ont pas transformé leur uniforme noir en uniforme bleu marine. Ce qui s'est passé au fil des décennies chez les policiers, chez les militaires, chez les pompiers, les marins et même les religieux - la substitution du bleu marine au noir - ne s'est produit ni dans les palais de justice ni sur les terrains de football. Les magistrats et les arbitres sont restés des hommes en noir. Pourquoi ? Et pour combien de temps ?

Une nouveauté récente, en revanche, est l'emploi par les arbitres de deux petits morceaux de carton de couleurs vives, destinés à signifier deux types de sanction grave infligée à un joueur : le carton jaune pour un avertissement, le carton rouge pour une expulsion. Ce recours à la couleur, là où autrefois le geste et la parole suffisaient, souligne combien le spectacle de football est devenu une liturgie où les mouvements, les paroles, les sons et les couleurs fonctionnent ensemble.

A propos de ces cartons, l'historien notera avec intérêt le choix de deux couleurs chaudes pour cet usage spécifique. Le rouge, couleur de la faute (ici de la faute grave), a une longue histoire. Au Moyen Age, c'est déjà la couleur du crime et du péché. Sous l'Ancien Régime et au XIXe siècle, c'est celle des condamnés, des galériens puis des forçats. Progressivement, ce rouge-là, qui a à voir avec le sang, s'est étendu du domaine de la condamnation à celui de l'interdiction, comme par exemple dans les premiers usages du drapeau rouge ou, surtout, dans les codes de signalisation maritime, ferroviaire et routier. La généralisation du « feu rouge » a définitivement étendu à tous les domaines et à la planète entière cette fonction répressive de la couleur rouge. Les terrains de football n'y ont pas échappé.

C'est aussi ce morne feu rouge qui a conduit à penser le jaune comme un degré inférieur du rouge, comme un sous-rouge. Pendant longtemps le jaune, pris péjorativement, était surtout la couleur de la trahison, de la félonie et du mensonge. Mais la découverte du spectre et la mise en place de codes sociaux construits sur le spectre ont peu à peu fait du jaune un palier du rouge. Une hiérarchie s'est établie entre les deux couleurs, et lorsque le rouge est devenu la couleur de la sanction, le jaune est tout naturellement devenu celle de la demi-sanction ou de l'avertissement précédant la sanction. Le football, ici, n'a en rien innové. Mais il a contribué à diffuser plus largement encore de tels codes et à faire passer dans le langage quotidien les expressions *carton rouge* et *carton jaune.*

Voir aussi *Feux tricolores, Noir, Sport.*

Argent

L'argent n'a pas d'odeur, mais a-t-il une couleur ? A cette question il faut répondre par l'affirmative. Pendant longtemps, dans l'image et dans l'imaginaire, l'argent a été assimilé aux pièces de monnaies frappées dans un métal précieux. Les couleurs de ces pièces - argent ou argenté, or ou doré surtout - ont donc constitué, iconographiquement, les couleurs de l'argent pris comme une entité matérielle.

Aujourd'hui les choses ont changé. La couleur qui est le plus volontiers associée à l'idée d'argent n'est plus l'or, encore moins l'argent, mais le vert. A cela des raisons diverses, dont une des principales trouve son origine dans la couleur des billets de banque de l'unité monétaire américaine : le dollar. A l'époque contemporaine, tout ce qui a trait à l'argent semble se rattacher symboliquement (mythologiquement même) au dollar. Il est donc normal que la couleur de celui-ci en soit devenu la couleur par excellence.

D'autant que bien avant les premières impressions du célèbre billet vert (apparu par étapes entre 1792 et 1863, puis uniformisé entre 1863 et 1913), le vert était depuis longtemps la couleur de la Fortune. Dans la symbolique médiévale déjà, il évoquait la chance et la malchance, les caprices du Destin, les espoirs comblés ou déçus. A la Renaissance, il devint tout naturellement la couleur des joueurs (et de la langue imagée qu'ils employaient : la *langue verte*) et des jeux, notamment des jeux d'argent. Dès la fin du XVe siècle, les tapis de jeux sont de couleur verte. Par extension, sous l'Ancien Régime, le vert est progressivement associé à tout ce qui touche non seulement au monde du jeu et des casinos, mais aussi de la monnaie, de la banque et de la finance. Le dollar n'a fait que renforcer et prolonger une symbolique de la couleur déjà largement en place avant l'indépendance américaine.

De nos jours, à l'heure de l'argent électronique, il est permis de se demander si le lien entre celui-ci et la couleur verte va perdurer. Après avoir perdu son odeur, l'argent va-t-il perdre sa couleur ? Pour ma part, je ne le pense pas. Car l'électronique a elle aussi une couleur, et cette couleur c'est le plus souvent la couleur verte, symbole de rapidité, de fluidité, de mutabilité.

Le vert est, chimiquement et symboliquement, la plus instable des couleurs. Par là même, il restera longtemps l'emblème de la plus instable des déesses : la Fortune.

Voir aussi *Vert*.

Argot

Aussi étrange que cela puisse paraître, la *langue verte* est fort peu colorée. En français, l'argot et la couleur semblent même presque s'ignorer. Non seulement le lexique des couleurs n'entre que pour une très faible part dans la création de termes ou d'expressions argotiques (citons pour exemples : la *blanche,* l'héroïne, et *avoir la rougeole,* porter la Légion d'honneur), mais aussi et surtout il n'existe guère de mot d'argot qui puisse remplacer tel ou tel terme de couleur. Même l'argotisation des vocables ordinaires par suffixation (*noircif, bleusille, verdasse, rougedingue*), par javanais (*blaveu, gravis*) ou par verlan (*gerou, reunoi*) n'est pas un procèdé courant, loin s'en faut. L'expression *langue verte* paraît donc quelque peu impropre pour qualifier cet état de langue que l'on nomme aussi argot.

Il est vrai qu'à l'origine, au tournant des XVIe-XVIIe siècles, l'expression *langue verte* qualifiait seulement la langue imagée, sinon grossière, des joueurs, spécialement des joueurs de cartes. Le vert, couleur de la chance et de la malchance, couleur de la Fortune et du Destin, est en effet dans la culture occidentale associé au jeu depuis la fin du Moyen Age. Dès le XVe siècle (en Italie), les tapis de jeu sont de cette couleur. Ils le sont restés jusqu'à aujourd'hui.

Une même pauvreté des rapports entre l'argot et la couleur semble s'observer dans la plupart des autres langues occidentales. Il n'y a guère qu'en anglais où le vocabulaire des couleurs entre dans un nombre relativement important de tournures et d'expressions de type argotique : *a yellow dog,* une personne peureuse ; *a green ass,* une personne inexpérimentée ; *a red tea,* une boisson fortement alcoolisée ; etc.

En revanche, en anglais comme dans les autres langues occidentales, aucun terme d'argot spécifique n'est jamais utilisé pour désigner une couleur, tout juste une nuance de couleur peu ordinaire (par exemple *weed* pour jaunâtre).

Voir aussi *Argent, Cheval, Métonymie, Orthographe.*

Aveugle

Peut-on vraiment expliquer à un aveugle de naissance ce qui se passe quand on voit ? Peut-on essayer de lui faire sentir ce que représente pour un voyant les notions de rouge, de vert, de bleu ? Peut-on même simplement débattre de ces problèmes ? L'homme qui voit normalement et celui qui est aveugle aux couleurs peuvent-ils avoir la même notion de ce qu'est le fait de ne pas voir les couleurs ?

Se poser ces questions comme l'ont fait de nombreux philosophes - de Platon à Wittgenstein - n'est-ce pas souligner le caractère parfaitement vain de tout discours sur la couleur ?

Voir aussi *Animal, Couleur, Daltonisme, Nom, Taureau.*

Azur

Le vocabulaire latin souligne pleinement la méfiance et le désintérêt des Romains pour la couleur bleue : c'est pour eux la couleur des barbares. Dans la Rome antique, non seulement personne ne s'habille de bleu mais avoir les yeux bleus est dévalorisant, inquiétant ou ridicule. Au reste, dire « bleu » en latin classique n'est pas un exercice facile. Il existe certes un grand nombre de mots mais aucun ne s'impose vraiment. Tous sont en outre polysémiques et expriment des nuances imprécises. Les frontières entre bleu et noir, bleu et vert, bleu et gris, bleu et violet et même bleu et jaune restent floues et perméables. Il manque au latin un ou deux termes de base qui permettraient d'asseoir solidement le champ lexical, chromatique et symbolique du bleu, comme cela se fait sans difficulté aucune pour le rouge, le blanc, le noir et le vert (mais pas pour le jaune, lui aussi difficile à nommer en latin classique).

Cette imprécision du lexique latin des bleus dans l'Antiquité explique pourquoi, quelques siècles plus tard, toutes les langues romanes, bien qu'issues du latin, ont été obligées de solliciter deux mots étrangers au latin pour construire leur vocabulaire dans la gamme de cette couleur : d'un côté un mot germanique (*blau*/bleu), de l'autre un mot arabe (*lazurd*/azur). En français (comme du reste en italien), le premier est devenu le terme générique pour qualifier la couleur tandis que le second, d'un emploi moins courant, a pris au fil des siècles le sens de « bleu clair », « bleu ciel », au point même de finir, à la fin du XVIIIe siècle, par désigner le ciel lui-même.

Cette évolution sémantique fut lente et longue. Dans la langue courante, pendant longtemps le mot *azur* n'a nullement désigné un bleu clair mais n'importe quel beau bleu, qu'il soit clair ou foncé. Et dans le langage des peintres, on le réservait au bleu obtenu à partir d'un pigment particulièrement cher : le lapis lazuli, pierre semi-précieuse, importée d'Asie et finement broyée. Ce « bleu de lapis », venu « d'outre les mers », était relativement foncé et a donné naissance au mot *outremer*, longtemps synonyme d'azur mais qui a fini par prendre une existence autonome, coupée de ses racines géographiques et minérales, pour désigner un simple bleu foncé.

Baignoire

Le blanc lave plus blanc. Et surtout plus propre. Nous pouvons en faire l'expérience en prenant un bain dans une baignoire blanche et un autre dans une baignoire rose, verte ou bleue. Nous serons toujours mieux lavés dans la première, même si elle est vétuste et si les autres sont neuves. Les douches, les bidets, les lavabos de couleur blanche ont de semblables vertus. Quant aux cuvettes des toilettes... (existe-t-il des cuvettes de toilettes qui ne soient ni blanches ni pastel ? Rouge vif, par exemple, ou bien marron ? Et si oui, sont-elles vraiment capables de remplir efficacement les fonctions que l'on est en droit d'en attendre ? J'ai peine à le croire).

Cette primauté hygiénique du blanc sur les autres couleurs n'a rien de physique ni de chimique. Encore moins de physiologique. C'est une primauté totalement symbolique, idéologique, archétypale, qui nous renvoie presque à l'aube de l'humanité et de la vie sociale, lorsque l'homme usait de la couleur avec parcimonie : blanc désignait alors ce qui était propre ; noir, ce qui était sale ; et rouge, ce qui était coloré.

Voir aussi *Draps, Ordures, Papier hygiénique, Sous-vêtements.*

Bas et collants

De tous les lexiques de couleurs, le plus poétique, le plus ineffable, celui qui au fil des décennies a pris avec ses référents les distances les plus grandes est sans conteste le lexique de la lingerie féminine, notamment pour ce qui concerne le domaine spécifique des bas et des collants. Pour qualifier la coloration de tels sous-vêtements, ce lexique s'est d'abord contenté des simples mots *gris, brun, blanc, noir, beige,* précisés par des adjectifs aussi communs que *clair, foncé* ou *moyen*. Puis, les nuanciers se faisant plus subtils, la publicité plus tapageuse, la concurrence plus aiguë, on vit apparaître des termes plus choisis, empruntés à des colorations d'animaux, de végétaux ou de minéraux : *chamois, souris, tourterelle, taupe, ivoire, châtaigne, noisette, argile, ardoise, cendres, anthracite, bronze,* etc. Le sens restait clair, même si la nuance exacte était parfois imprécise.

L'étape suivante accentua cette imprécision en faisant entrer dans ce lexique des vocables plus flous mais aussi plus racoleurs. Ils correspondaient à des colorations beaucoup plus incertaines : *sable, tabac, ficelle, fumée, ambre, champagne, chair, caramel, cachou.* Mais c'est le stade suivant, déjà en place dans les années cinquante, qui marqua le véritable décrochement. Désormais les termes choisis ne se rattachaient plus tant à une coloration, si imprécise fût-elle, qu'à une impression, une atmosphère : *nuage, brume, poussière, patine, voilage, aurore, caresse.* Depuis, cette tendance s'est accentuée, et sur certains catalogues ou nuanciers présentant des bas ou des collants, on peut rencontrer aujourd'hui des mots et des expressions qualifiant ainsi les différentes couleurs : *péché, ivresse, évanescence, désenchantement, nuit d'amour, peut-être, sur-le-départ, pas tout-à-fait, comme-d'habitude.* Ces nuanciers sont devenus de véritables poèmes qui n'incitent qu'à une chose : rêver.

Voir aussi *Argot, Cheval, Métonymie, Nom.*

Bébés

D'ou vient l'usage qui consiste à vêtir les nouveau-nés et les très jeunes enfants de bleu si ce sont des garçons et de rose si ce sont des filles ? Répondre à cette question n'est pas facile. Historiquement, on peut observer que cette pratique est en France déjà attestée à la fin du XIXe siècle et qu'elle est encore courante aujourd'hui, même si elle n'a plus le caractère systématique qu'elle avait dans la première moitié de notre siècle. Géographiquement, on peut souligner qu'elle concerne une large partie de l'Europe et des pays relevant de la civilisation occidentale, notamment les États-Unis. En revanche, elle est inconnue des autres cultures. Mais en Europe même, la palette semble devoir être nuancée : les pays du Nord et du Nord-Ouest paraissent plus concernés par cette coutume que ceux de l'Europe orientale ou méditerranéenne. En outre, il y a parfois des variantes (rouge au lieu de rose dans certaines provinces d'Espagne et d'Italie), parfois des inversions (en Belgique, par exemple, ce peuvent être les garçons qui sont vêtus de rose et les filles de bleu !). Enfin, socialement, il faut souligner combien une telle habitude est longtemps restée une pratique bourgeoise, avant de se diffuser vers le bas de l'échelle sociale. Aujourd'hui, elle concerne surtout la petite bourgeoisie et les classes défavorisées (mais en général de tradition chrétienne), même si une certaine aristocratie conservatrice lui est restée fidèle. Dans les milieux aisés et dans ceux qui occupent le devant de la scène socio-culturelle, on préfère désormais proclamer que l'on n'est plus esclave de telles modes - ce qui est le meilleur moyen de montrer que l'on en dépend encore totalement - et habiller les nourrissons de couleurs plus vives (jaune, rouge), plus sombres (vert foncé, bleu marine), voire nettement provocantes (violet, noir). Entre le désir d'être original, la bêtise et le mauvais goût, la frontière chromatique n'est pas toujours très nette.

Des motifs religieux ont parfois été avancés pour expliquer cet usage vestimentaire du bleu et du rose : on aurait donné aux nouveau-nés les couleurs de la Vierge, afin que celle-ci les protège pendant la période difficile et dangereuse de la petite enfance. Pareille affirmation ne résiste guère à l'analyse. Si le bleu est bien la couleur de Marie (depuis le XIIe siècle), le rose ne l'est pas et ne l'a jamais été. C'est le blanc qui constitue la seconde couleur de la Vierge, depuis l'adoption du dogme de l'Immaculée Conception (1854). En outre, s'il est vrai que c'est parmi les familles chrétiennes que cet usage du bleu et du rose a été le plus volontiers pratiqué, il semble avoir été plus précocement et plus largement répandu dans les pays protestants que dans les pays catholiques. Il paraît donc difficile d'y chercher une pratique liée au culte marial.

Pour ma part, je serais tenté de voir dans le couple bleu/rose une déclinaison du couple bleu/rouge. Le bleu des nouveau-nés est en effet presque toujours un bleu ciel très pâle ; son intensité et sa saturation sont proches de celles du rose. Tous deux représentent des couleurs pastel, des couleurs hygiéniques, des blancs légèrement colorés. Il y a d'abord une idée de pureté et d'innocence dans le choix de ces deux couleurs. Il y a ensuite - mais ensuite seulement - une distribution qui reprend une distinction relativement ancienne dans la culture occidentale : le bleu est masculin et le rouge est féminin. Cette opposition des sexes par le bleu et par le rouge se met en effet en place à la fin du Moyen Age (avant le XIIIe siècle, le bleu n'est jamais le contraire du rouge), et se développe à l'époque moderne. Elle s'appuie sur des considérations symboliques à la fois diverses et floues, et ne fonctionne vraiment que par rapport au couple : le bleu n'est masculin qu'en tant qu'il s'oppose au rouge ; seul, ou opposé à une autre couleur, il est dépourvu de cette connotation.

Voir aussi *Draps, Mariée (robe de), Protestantisme, Sous-vêtements.*

Beige

Même si son emploi est attesté dès le XIIIe siècle (pour qualifier la laine naturelle, ni teinte ni blanchie), le mot français *beige* - dont l'étymologie reste obscure - n'a connu une véritable diffusion qu'au cours du siècle dernier et au début de celui-ci. Il ne semble du reste pas avoir encore touché tous les milieux sociaux. Dans la France rurale par exemple, notamment en Basse-Normandie et en Bretagne, *beige* est un terme pratiquement inconnu. Tout ce qui ailleurs serait désigné par ce mot (chaussures, cuirs, étoffes, vêtements) est ici simplement qualifié de « jaune » (avec peut-être une légère nuance de mépris, ce jaune un peu ridicule, voire sale, étant un produit de la ville, donc une excentricité). Les souliers jaunes s'opposent ainsi aux souliers noirs et aux souliers rouges (c'est-à-dire acajou ou marron). En 1872, Littré notait déjà que « dans certaines provinces, on dit du linge jaune pour du linge écru ou tirant vers le beige ». Ce qui souligne une fois encore combien peut être large et imprécise la palette à laquelle renvoie un terme de couleur.

Voir aussi *Nom, Vin.*

Bières

Les bières sont comme les chevelures : elles peuvent être blondes, brunes ou rousses. En revanche, il n'en existe pas de noires, ni de grises, ni de châtain clair ou d'auburn à reflets roux. Les vieilles classifications ternaires, articulées autour des trois couleurs de base de la culture occidentale - blanc (= blond), rouge (= roux) et noir (= brun) - ont ici traversé les siècles sans être remises en cause, ni par un vocabulaire renouvelé, ni par des nuanciers plus précis ou plus diversifiés. Comme celles du vin, la symbolique et la mythologie de la bière ont résisté à l'usure du temps. Ce qui souligne l'enracinement profond de ces deux boissons archétypales au cœur de notre civilisation.

Voir aussi *Vin.*

Black

En vieil anglais, il existe deux mots pour qualifier la couleur noire : *swart* et *blak* (*black, blaec*). Le premier, que l'on peut rapprocher de l'allemand moderne *schwarz*, désigne le noir mat, terne, inquiétant ; le second qualifie au contraire le noir brillant, riche, presque lumineux. Etymologiquement, cet ancien mot *blak* appartient à la grande famille des mots qui, en germanique commun, qualifiaient la lumière et ses qualités. Les mots français *blanc, bleu* et *blond* dérivent eux aussi de termes germaniques appartenant à cette famille (ce qui fait que le français *blanc* et l'anglais *black* ont une même étymologie !). Au fil des siècles, le mot *swart* a disparu de la langue anglaise et celle-ci n'a conservé qu'un seul terme d'usage courant pour désigner le noir : *black*.

L'introduction de ce mot anglais dans la langue française pour désigner un homme africain ou d'origine africaine s'est faite à une date récente : vers 1950 pour ce qui concerne l'argot (où le dérivé *blackos* est lontemps resté presque aussi fréquent) et à partir de la fin des années 1970 pour ce qui concerne la langue courante. Cet usage désormais presque quotidien du mot anglais est en grande partie dû au discrédit dans lequel sont successivement tombés les mots français *nègre* puis *noir*. Malgré les lettres de noblesse que les poètes Léopold Sedar Senghor et Aimé Césaire ont donné au substantif *négritude*, l'adjectif *nègre*, qualificatif méprisant et raciste que les colons français d'Afrique ont longtemps donné aux Noirs, est presque définitivement sorti de l'usage. Le terme *noir*, qui l'a pendant un temps remplacé dans cet emploi, s'est lui aussi quelque peu déprécié, peut-être en raison de la symbolique en partie défavorable de la couleur noire, mais plus probablement en raison du caractère « racial » (sinon raciste) des termes de couleur appliqués au classement des différentes populations du globe (le mot *jaune* s'est pareillement déprécié et est, comme *noir*, devenu dans cet acception d'un emploi délicat).

Ce sont les français d'origine africaine qui ont eux-mêmes peu à peu délaissé puis rejeté le mot *noir* et favorisé à sa place l'emploi du mot *black*. Celui-ci est du reste davantage perçu comme américain que comme anglais ; par là même il est entouré d'un certain flou et semble porteur de modernité, de progrès et d'espoir dans une société plus égalitaire.

Voir aussi *Noir*.

Blanc

Voici comment pourrait se présenter un tableau résumant les différentes fonctions et significations de la couleur blanche dans la culture occidentale, telles qu'elles sont évoquées dans les notices du présent dictionnaire :

1) Couleur de la pureté, de la chasteté, de la virginité, de l'innocence :

• Vêtements ecclésiastiques blancs, couleur liturgique.
• Vêtements de baptême, robe de mariée (blanche seulement depuis le XIXe siècle). A Rome, robe blanche des « candidats » (*candidus*).
• Blancheur de l'agneau, des vierges, des vestales, etc.

2. Couleur de l'hygiène, de la propreté, du froid, de ce qui est stérile :

• L'hygiène : les savons, les lessives sont blancs. Draps, sous-vêtements, tissus touchant le corps ont pendant des siècles été de couleur blanche.
• Couleur du froid, de la neige, du Nord : Bonbons à la menthe (forte). Réfrigérateur.
• Appareils ménagers qui conservent ou qui lavent. Cuisines, salles de bains : priorité à la couleur blanche.

3. Couleur de la simplicité, de la discrétion, de la paix :

• Hiérarchie des codes de couleurs : le blanc signale toujours le plus facile (voir *Judo, Ski*). Ceinture blanche, piste blanche.
• Modestie de l'apparence : en blanc.
• Discrétion, neutralité. Drapeau blanc. Idée de paix (et de renoncement).

4. Couleur de la sagesse et de la vieillesse :
• Cheveux blancs, personnes âgées (le blanc réussit à être à la fois la couleur de l'enfance et celle de la vieillesse).
• Couleur des vieux sages, des savants fous, des druides, des magiciens.

5. Couleur de l'aristocratie, de la monarchie :
• Le blanc, couleur du roi. Les partis royalistes. Le drapeau blanc dans la France du XIXe siècle.
• Élégance des vêtements blancs. Chemise blanche.
• Cols blancs dans l'industrie (par opposition aux « cols bleu »).

6. Absence de couleur :
• Les fantômes, les apparitions. La mort.
• La peur, l'inquiétude.
• Le degré zéro de la couleur. L'opposition noir et blanc/couleurs.

7. Couleur du divin :
• Le blanc couleur des personnes divines, des anges.
• L'éternité, le paradis.
• Le bonheur (« marquer d'une pierre blanche »).

Bleu

1. Toutes les enquêtes d'opinion conduites depuis la dernière guerre montrent avec une belle régularité que le bleu est la couleur préférée de plus de la moitié de la population européenne, loin devant le vert (autour de 20 % de réponses) et le rouge (environ 8-10 %). En France, cette préférence marquée pour le bleu est même encore plus affirmée que dans les pays voisins et frise parfois les 60 %.

Sans atteindre des chiffres aussi élevés, on constate que le bleu est également la couleur préférée aux Etats-

Unis, au Canada, en Australie et dans tous les pays du monde occidental. La culture européenne a fait tache sur d'autres continents et celle-ci est restée presque indélébile. En revanche, dès que l'on étend de telles enquêtes à des pays non occidentaux, les chiffres et les préférences deviennent autres. Au Japon, par exemple, c'est le rouge qui vient en tête, devant le noir et le blanc. En Chine et en Inde, c'est le jaune (mal aimé en Europe). Dans les pays d'Islam, c'est le vert, couleur du Prophète, devant le blanc et le noir. Dans le domaine de la couleur, répétons-le, tout est toujours culturel, étroitement culturel.

Cette préférence bien marquée des Européens pour la couleur bleue pose à l'historien deux questions : pourquoi ? et depuis quand ? Ces deux questions sont du reste liées et tenter d'y répondre n'est pas un exercice facile. Elles soulèvent des problèmes complexes qui s'inscrivent dans la longue durée et qui touchent à tous les domaines de la vie sociale, religieuse, artistique et intellectuelle. Retracer la longue histoire du bleu dans les sociétés européennes aide à mieux comprendre son statut de « couleur préférée » dans le monde occidental contemporain. Cette longue histoire est celle d'un renversement complet des valeurs.

2. Dans l'Antiquité méditerranéenne, en effet, le bleu est une couleur peu appréciée et dont on fait un usage modéré. Pour les Romains, par exemple, le bleu est la couleur des barbares, notamment des Celtes et des Germains. Non seulement parce que ceux-ci ont souvent les yeux bleus - ce qui a Rome est dévalorisant - mais aussi parce que chez plusieurs peuples de Gaule, de Bretagne et de Germanie, certains guerriers ont coutume de se peindre le corps en bleu avant de partir au combat. Pour ce faire ils emploient de la guède, plante dont ils tirent une matière colorante leur servant à se peindre le corps et à teindre leurs vêtements (à Rome, personne, absolument personne ne s'habille de bleu). Aux dires de

César, ce bleu un peu grisé donnent à ces guerriers barbares un aspect « fantomatique » qui effraient leurs adversaires.

Malgré la diffusion du christianisme, ce discrédit du bleu traverse tout le haut Moyen Age. Certes, le bleu existe, bien évidemment ; et ce aussi bien dans la vie quotidienne que dans la création artistique ; mais ce n'est pas une couleur de premier plan comme le sont alors le rouge, le blanc et le noir. Le bleu est présent mais ne compte guère, ni sur le plan symbolique, religieux ou social, ni sur le plan esthétique.

Et puis, soudain, tout change à partir du XIIe siècle. En quelques décennies, cette couleur connaît une promotion quantitative et qualitative remarquable. Le bleu devient à la mode dans l'étoffe et le vêtement, dans les emblèmes et les armoiries, dans l'art et les images. Il envahit l'émail, le vitrail, les manuscrits enluminés. Dans le vocabulaire même son ascension est spectaculaire. Alors que le latin éprouvait de grandes difficultés pour nommer la couleur bleue, les langues vernaculaires, à commencer par le français, se créent un riche lexique pour définir les différentes nuances de cette couleur nouvellement mise à la mode. Dans tous les domaines le bleu se trouve valorisé ; il fait désormais concurrence au rouge, qui passait jusque là pour la plus belle des couleurs.

Pour l'historien, la question importante est de savoir si ces changements - qui en France se situent pendant les règnes de Philippe Auguste et de saint Louis - sont dus à des progrès chimiques et techniques, ou bien si ce sont des considérations esthétiques ou symboliques qui ont entraîné ces mêmes progrès. Les teinturiers, par exemple, qui pendant des siècles, voire des millénaires, avaient été incapables de produire de beaux tons de bleu, c'est-à-dire des tons francs, denses, lumineux, solides, pénétrant profondément dans les fibres de l'étoffe (toutes qualités qu'ils savaient très bien obtenir pour la gamme des rouges), réussissent à le faire pour les bleus en deux ou trois générations. Progrès technique dû à la connaissance chimique des matières colorantes ? Ou bien progrès résultant du nouveau statut social et symbolique de la couleur bleue ? Autrement dit, dans une société donnée, est-ce que le chimique précède le symbolique ou bien est-ce le contraire. Ici, au cœur du Moyen Age, il semble bien que les enjeux symboliques et idéologiques aient précédé les progrès chimiques et techniques. Le cas de la Vierge, qui au début du XIIe siècle est en Occident une des premières « personnes » à se vêtir de bleu, en porte témoignage.

C'est en effet à partir de cette date que, dans les images et les œuvres d'art, le bleu, de manière récurrente, prend place soit sur le manteau de la Vierge (cas le plus fréquent), soit sur sa robe, soit sur l'ensemble de sa tenue vestimentaire. Auparavant, dans les images, Marie pouvait être vêtue de n'importe quelle couleur mais il s'agissait presque toujours d'une couleur sombre : noir, gris, brun, violet, bleu ou vert foncé. L'idée qui dominait était celle d'une couleur d'affliction, une couleur de deuil. La Vierge portait le deuil de son fils mort sur la croix. Cette idée est déjà présente dans l'art paléochrétien - dans la Rome impériale on connaît l'usage des vêtements de deuil noirs ou sombres - et se prolonge dans l'art carolingien et dans l'art ottonien.

Mais à partir du XIIe siècle cette palette va en se réduisant, et le bleu tend à remplir à lui tout seul ce rôle d'attribut du deuil. En outre, il s'éclaircit et se fait plus séduisant : de terne et sombre il devient plus franc, plus lumineux, plus saturé. Nous sommes alors en pleine promotion artistique de la couleur bleue. C'est l'époque où les peintres verriers mettent au point le célèbre « bleu de Chartres » et où les émailleurs et les enlumineurs commencent à faire alterner les fonds rouges et les fonds bleus. En s'habillant de bleu dans les images, la reine du ciel contribue grandement à la promotion de cette couleur dans la société. Les rois eux-mêmes commencent à s'habiller de bleu (ce qu'ils n'ont jamais fait auparavant) et sont imités par les seigneurs puis par l'ensemble de la société. A la fin du Moyen Age, le bleu est devenu une couleur de premier plan, une couleur royale et princière, une couleur qui se pose pleinement comme rivale du rouge.

3. A partir du XVIe siècle, un autre grand fait religieux et culturel favorise la promotion du bleu dans de nombreuses régions d'Europe occidentale : la Réforme protestante. Prenant la suite des moralistes de la fin du Moyen Age, les grands réformateurs protestants, notamment Calvin, enseignent qu'il existe des couleurs « honnêtes » et des couleurs « déshonnêtes ». Un bon chrétien doit rechercher les premières et fuir les secondes, aussi bien dans le vêtement et la vie quotidienne que dans le culte et la création artistique. Au nombre des couleurs honnêtes figurent le noir, le blanc, le gris et le brun. Au contraire, le vert, le jaune, le rouge et toutes les couleurs trop chaudes ou trop vives sont considérées comme déshonnêtes. Il faut non seulement les fuir mais aussi les détruire. Ce que font certains protestants en détruisant de nombreuses œuvres d'art dans les églises : leurs sujets sont impies et leurs couleurs trop bariolées.

Dans la morale protestante de la couleur, dont l'influence s'exercera en de nombreux domaines jusqu'au XXe siècle, le bleu bénéficie d'un statut particulier. Soit il est purement et simplement oublié, et passe donc pour licite ; soit, plus fréquemment, il est assimilé à une couleur sombre et digne, au même titre que le noir ou le gris, et donc considéré comme honnête. Cela contribue à favoriser sa diffusion dans le vêtement, aussi bien masculin que féminin, dans toute l'Europe protestante.

4. Au XVIIIe siècle, c'est une importante découverte dans le domaine de la chimie des pigments et des colorants qui offre à la couleur bleue des nuances et des utili-

sations nouvelles et qui contribue à en faire définitivement la couleur préférée des populations européennes. Cette découverte c'est celle du bleu de Prusse. Il vaut la peine de s'y attarder.

Pendant longtemps les peintres et les teinturiers avaient rencontré des difficultés pour produire des bleus très foncés et surtout pour rendre ceux-ci solides et les utiliser en grande surface. Ni le lapis lazuli (pigment minéral extrêmement cher), ni l'azurite (le lapis lazuli du pauvre), encore moins la guède et les autres colorants végétaux, n'autorisaient de telles prouesses. Le recours à l'indigo aurait certes permis de contourner ces difficultés, mais dans de nombreux pays, afin de protéger le pastel indigène des teinturiers européens, l' importation de l'indigo (d'abord d'Asie puis d'Amérique) était interdite. En France, par exemple, ce n'est qu'en 1737 que l'emploi de cette matière colorante exotique fut définitivement autorisée dans la teinturerie.

Pour les peintres, cette autorisation venait trop tard. Quelques années plus tôt, en effet, avait été mise au point à Berlin une couleur artificielle qui permettait, dans la gamme des bleus et des verts, des performances dont on avait été incapables pendant des siècles : le bleu de Prusse. A dire vrai, cette couleur fut découverte par hasard. Un certain Diesbach, droguiste et fabricant de couleurs, vendait un très beau rouge qu'il obtenait en précipitant avec de la potasse une décoction de cochenille additionnée de sulfate de fer. Un jour, manquant de potasse, il s'approvisionna auprès d'un pharmacien peu honnête, Johann Konrad Dippel. Celui-ci lui vendit du carbonate de potasse frelaté, dont il s'était lui-même déjà servi pour ses propres expériences. Au lieu de son rouge habituel, Diesbach obtint un magnifique précipité bleu. Il ne comprit pas ce qui s'était passé mais Dippel, meilleur chimiste et homme d'affaires avisé, vit rapidement tout le bénéfice qu'il pouvait retirer de cette découverte. Il avait compris que c'était l'action de la potasse altérée sur le sulfate de fer qui avait produit cette splendide couleur bleu foncé. Après plusieurs expériences, il améliora le procédé et commercialisa cette nouvelle couleur sous le nom de « bleu de Berlin ».

Pendant plus d'une décennie Dippel refusa de livrer son secret de fabrication, ce qui lui permit d'amasser une fortune considérable. Mais en 1724, le chimiste anglais Woodward perça ce secret et publia la composition de cette nouvelle couleur. Le bleu de Berlin, devenu entre-temps « bleu de Prusse », put dès lors être fabriqué dans toute l'Europe. Ruiné, Dippel quitta Berlin pour la Scandinavie, où il devint médecin du roi de Suède Frédéric Ier. Plus inventif que jamais, il mit au point plusieurs médecines dangereuses qui lui valurent l'expulsion de Suède et la prison au Danemark. Il mourut en 1734, laissant le souvenir d'un chimiste habile mais peu scrupuleux, intrigant et âpre au gain.

Contrairement à une légende tenace - peut-être due à la mauvaise réputation de Dippel - le bleu de Prusse n'est pas toxique et ne se transforme pas en acide prussique. En revanche, il est peu stable à la lumière et les alcalis le détruisent (ce qui en interdit l'emploi dans certaines peintures). Mais son pouvoir colorant est très élevé et, mélangé à d'autres couleurs, il produit des tons admirables et transparents. Les arts décoratifs de la fin du XVIIIe siècle et du début du XIXe l'ont utilisé à grande échelle pour fabriquer des papiers peints verts. Plus tard, les peintres impressionnistes et tous les artistes travaillant sur le motif lui ont voué, malgré son caractère instable et envahissant, une sorte de culte. Quant aux teinturiers, ils s'en sont servi, en même temps que de l'indigo, pour lancer, à la fin du XIXe siècle, la mode des étoffes et des vêtements bleu foncé : le bleu « marine » était né et allait devenir un authentique fait de société.

5. Après la Première Guerre mondiale, en effet, cette nuance de bleu jusque là peu répandue devint rapidement une des couleurs les plus portées dans le vêtement européen. A cela différentes raisons dont la principale est lié au déclin du noir, couleur dominante au XIXe siècle. Au noir notre siècle a presque partout substitué le bleu marine, tout aussi sobre mais moins dur, moins austère et surtout meilleur marché. Obtenir sur la plupart des tissus un noir vraiment noir, profond, solide, uni, reste aujourd'hui encore pour la teinturerie industrielle une pratique coûteuse et complexe. Rien de tel pour le bleu marine. D'où la vogue de cette teinte sur les vêtements quotidiens et sur les uniformes. Au fil des décennies, presque toutes les professions ou activités portant un uniforme sont ainsi progressivement passées du noir au bleu sombre : marins, militaires, gendarmes, policiers, pompiers, employés des postes et des transports et même ecclésiastiques. Seuls quelques juges et magistrats sont demeurés fidèles au noir. Pour combien de temps ?

Que reste-t-il aujourd'hui de cette longue et riche histoire de la couleur bleue dans notre vie quotidienne, dans nos codes sociaux, dans nos sensibilités. Tout d'abord, nous l'avons dit en commençant, le fait d'être la couleur préférée, loin, très loin devant toutes les autres. Et ce quelque soit le sexe, les origines sociales, la profession ou le bagage culturel. Seuls les petits enfants partagent leurs préférences entre deux couleurs : le bleu et le rouge. Rien de tel chez les adultes : le bleu écrase tout. Le vêtement en est la principale manifestation. Dans tous les pays d'Europe occidentale, le bleu - toutes nuances confondues - est la couleur vestimentaire la plus portée (devant le blanc, le noir et le beige). Et les caprices de la mode n'entament en rien cette primauté car - à quoi bon le cacher - l'écart reste toujours et partout considérable entre le vêtement de mode et le vêtement réellement porté par l'ensemble des classes et catégories sociales.

Mais, contrairement à ce que l'on pourrait croire, cette préférence marquée pour le bleu n'est pas l'expression de pulsions ou d'enjeux symboliques particulièrement forts. On a même l'impression que c'est parce qu'il est symboliquement moins « marqué » que d'autres couleurs (notamment que le rouge, le vert, le blanc ou le noir) que le bleu fait l'unanimité. Et, inversement, être la couleur préférée de plus de la moitié de la population contribue à affaiblir son potentiel symbolique. Car en définitive, quand nous avouons que notre couleur préférée est le bleu, que révélons-nous vraiment de nous-mêmes ? Rien, ou presque. C'est tellement banal, tellement tiède. Tandis qu'avouer préférer le noir, le gris ou même le rouge...

C'est là une des caractéristiques essentielles du bleu dans la symbolique occidentale des couleurs : il ne fait pas de vague, il est calme, pacifique, lointain, presque neutre. Il fait rêver bien sûr (pensons ici au *blues*...), mais ce rêve mélancolique a quelque chose d'anesthésiant. On peint en bleu les murs des hôpitaux, on en habille tous les médicaments de la famille des calmants, on l'utilise dans le code de la route pour exprimer tout ce qui est autorisé, on le sollicite pour en faire une couleur politique modérée et consensuelle. Le bleu n'agresse pas, ne transgresse rien ; il apaise et rassemble. Les grands organismes internationaux ne s'y sont pas trompés qui tous ont choisi le bleu pour couleur emblématique : autrefois l'ancienne Société des Nations puis, de nos jours, l'O.N.U., l'U.N.E.S.C.O., le Conseil de l'Europe, la Communauté européenne, etc. Le bleu est devenue une couleur internationale chargée de promouvoir la paix et l'entente entre les peuples. C'est la plus pacifique, la plus neutre de toutes les couleurs. Même le blanc semble posséder une force symbolique plus grande, plus précise, plus orientée.

Au reste, cette association symbolique entre le bleu et la paix est ancienne. Elle est déjà plus ou moins présente dans la symbolique médiévale des couleurs et solidement attestée à l'époque romantique. Ce qui est plus récent, en revanche, c'est le lien entre le bleu et l'eau et, surtout, entre le bleu et le froid. Dans l'absolu, il n'existe évidemment pas de couleurs chaudes et de couleurs froides. C'est là une pure affaire de conventions, lesquelles varient dans le temps et dans l'espace. En Europe, au Moyen Age et à la Renaissance, le bleu passe ainsi pour une couleur chaude, parfois même pour la plus chaude de toutes les couleurs. Ce n'est qu'à partir du XVIIe siècle qu'il s'est progressivement « refroidi », et au XIXe siècle seulement qu'il a pris son véritable statut de couleur froide. En ce domaine, l'anachronisme guette l'historien à chaque coin de document. Un historien de l'art, par exemple, qui étudierait dans un tableau de la fin du Moyen Age ou de la Renaissance comment le peintre a réparti les couleurs chaudes et les couleurs froides et qui ferait du bleu, comme de nos jours, une couleur froide, se tromperait totalement.

Dans ce passage du chaud au froid, c'est probablement l'association progressive du bleu et de l'eau qui a joué le rôle le plus important. Dans les sociétés antiques et médiévales, en effet, l'eau est rarement perçue ou pensée comme bleue. Elle peut être de n'importe quelle couleur mais c'est surtout au vert qu'elle est associée. De fait, sur les portulans et les plus anciennes cartes de géographie, l'eau (mer, lacs, fleuves, rivières) est toujours verte. Ce n'est qu'à partir du XVIe siècle que ce vert - également sollicité pour représenter les forêts - cède progressivement la place au bleu. Mais dans l'imaginaire et dans la vie quotidienne, il a fallu encore du temps, beaucoup de temps pour que l'eau devienne bleue et le bleu, froid.

Froid comme nos sociétés contemporaines dont il est à la fois l'emblème, le symbole et la couleur préférée.

Voici comment pourrait se présenter un tableau résumant les différentes fonctions et significations de la couleur bleue, telles qu'elles sont évoquées dans les notices du présent dictionnaire :

1. Couleur préférée de plus de la moitié de la population occidentale :

• Chiffres stables depuis la dernière guerre. Toujours le bleu (50 %) devant le vert (20 %) et le rouge (moins de 10 %). Mêmes résultats au Canada, aux États-Unis et dans les différents pays d'Europe occidentale (sauf l'Espagne).

2. Couleur de l'infini, du lointain, du rêve :

• Ce qui est bleu semble loin. Le ciel, l'azur, l'air sont bleus.

• Couleur du romantisme. « Être fleur bleue ». Le bleu de *Werther* et de Novalis.

• Couleur de l'évasion. Le bleu endort : on peint en bleu les chambres des hôpitaux.

• Le *blues*. Avoir un coup de bleu (mélancolie, nostalgie).

• Couleur de la nuit (dans les bandes dessinées et les affiches publicitaires, la nuit est plus souvent bleue que noire) et de l'ombre.

• La fameuse *heure bleue* aux USA et au Canada (sortie des bureaux). Bars, alcool (en allemand ivre se dit *blau*).

• Dans les emballages de médicaments, les calmants et les somnifères ont à voir avec la couleur bleue.

3. Couleur de la fidélité, de l'amour, de la foi :

• Le bleu couleur de l'amour fidèle (par opposition au vert couleur de l'amour infidèle).

• Couleur de la Vierge Marie (depuis le XIIIe siècle). Enfants voués à Marie = enfants habillés de bleu.

• Couleur du renoncement, sorte de gris ou de sous-noir. Humilité du bleu, qui n'agresse pas.

• Couleur de la paix. Donc couleur des grandes institutions internationales : O.N.U., U.N.E.S.C.O., Conseil de l'Europe. Drapeaux bleus pour la plupart des grands organismes internationaux (c'est ce qu'il y a de plus neutre et de plus pacifique).

4. Couleur du froid, du frais, de l'eau :
• Depuis quand l'eau est-elle bleue ? Au Moyen Age elle est verte. Rôle des codes cartographiques : fonds sous-marin, rivières, etc.
• Le bleu encore plus froid que le blanc : glaciers, bonbons à la menthe, intérieurs des congélateurs.
• Fraîcheur du bleu (différente de celle du vert).
• Caractère stérilisé des tons bleus clairs. Leur emploi en milieu hospitalier.

5. Couleur royale et aristocratique :
• La couleur des rois. Héraldique des rois de France.
• Manteau de sacre = manteau bleu.
• Le *sang bleu* = origines nobles.
• Le lapis lazuli, la plus noble des pierres précieuses.

6. Un sous-noir
Pendant des siècles, difficultés pour teindre en bleu. Vêtements bleus, toujours grisés et délavés. Vêtements de travail (bleu paysan, bleu ouvrier).
• Le jean, un pantalon moralisé (bleu = noir ou sombre), un vêtement protestant.

Le bleu marine du XXe siècle qui remplace dans de nombreux emplois le noir du XIXe siècle : costume des militaires, policiers, sportifs, pompiers, religieux, etc. Le bleu marine devenu LA couleur de la civilisation occidentale (aux yeux des autres civilisations).

Bleu blanc rouge

1. Contrairement à ses voisins, la France actuelle n'a qu'un seul véritable emblème officiel : son drapeau, nommé et décrit par l'article 2 de la constitution de la Ve République. Les couleurs en sont le bleu, le blanc et le rouge, mais leurs nuances ne sont définies par aucun

texte constitutionnel : ce sont des couleurs abstraites, intellectuelles, héraldisées, comme c'est du reste le cas pour la plupart des autres drapeaux nationaux (il existe toutefois des exceptions). Le bleu peut être azur ou outremer, le rouge peut être carmin ou vermillon, cela n'a aucune importance ni aucune signification ; cela donne en outre aux peintres - et ils furent nombreux - qui ont aimé à mettre en scène le drapeau français, de grandes libertés chromatiques. Au reste, lorsqu'il flotte à l'extérieur et qu'il reste soumis aux intempéries, ce drapeau tricolore présente des couleurs diverses et changeantes.

Cela ne l'empêche nullement de rester le drapeau français, emblème national et symbole des libertés républicaines. Il a donné naissance, aux XIXe et XXe siècles, à de nombreux autres drapeaux tricolores, portant d'autres couleurs, choisis par des pays ayant acquis leur indépendance en revendiquant les valeurs et les idées de la Révolution française. Ce dont tous les démocrates ne peuvent évidemment que se réjouir, mais ce que regrettent aussi parfois certains artistes et la plupart des vexillologues. Le drapeau français, en effet, n'est pas particulièrement beau. Il est certes chargé de sens et d'histoire - ce qui lui confère une beauté d'une certain type - mais visuellement ce n'est pas une réussite, ni géométrique ni esthétique, comme le sont par exemple les cinq drapeaux scandinaves, le drapeau japonais, ceux de la Jamaïque, de la Grèce, de la Tunisie et plusieurs d'autres. A cela une raison simple : les bandes de trois couleurs ne sont pas situées sur le bon axe. Dans un morceau d'étoffe rectangulaire, la division en trois parties est bien plus naturelle et plus séduisante si elle suit le grand côté du rectangle (comme dans les drapeaux néerlandais, allemand, hongrois et d'autres) et non pas le petit côté. Avec la formule retenue pour le drapeau français, et pour tous les drapeaux tricolores qui en sont issus, on a l'impression que le bas du rectangle, placé à l'horizontale, a été sectionné ; ce qui est désagréable à l'œil. Cela, bien sûr, seulement lorsque le drapeau flotte au vent ou qu'il est figuré par une image rectangulaire plane. Quand le vent est absent et que l'étoffe pend au repos près de la hampe, ce problème ne se pose guère.

2. Aussi étrange que cela puisse paraître, la genèse du drapeau français pendant la Révolution française demeure un problème historique mal étudié et controversé. Au reste, contrairement à ce que l'on pourrait croire, les travaux qui lui sont consacrés ne sont pas très nombreux. J'entends les travaux scientifiques car, bien évidemment, sur ce sujet comme sur tout ce qui touche au monde des symboles, la mauvaise littérature est abondante. Mais il est indéniable que sur les origines du drapeau tricolore nous avons encore beaucoup à apprendre. Il en va du reste de même des origines de beaucoup d'autres drapeaux, anciens ou récents, européens ou non. Comme si tout drapeau, pour bien remplir les fonctions qui sont les siennes (emblématiques, symboliques, liturgiques, mythologiques), avait besoin d'entourer ses origines, sa naissance et ses significations premières d'un certain mystère. Un drapeau dont l'histoire et les significations sont trop limpides, est un drapeau tiède, pauvre, inefficace.

En France, la cocarde tricolore, née en juillet 1789, a précédé de plusieurs mois le drapeau tricolore. Cependant, malgré ce que l'on a parfois affirmé, le jour de la prise de la Bastille (le 14 juillet 1789), cette cocarde tricolore n'existait probablement pas encore. Elle fut créée dans les jours qui suivirent - peut-être le lendemain - dans des circonstances qui restent mal élucidées, en dépit (ou à cause) des témoignages, nombreux et contradictoires, des contemporains. Dans ses mémoires, La Fayette affirme que c'est lui qui eut l'idée, le 17 juillet, à l'hôtel de ville, de faire fusionner en une seule formule tricolore la cocarde blanche du roi et les couleurs bleue et rouge de la Garde nationale, instituée quatre jours plus tôt pour maintenir l'ordre à Paris. Mais son témoignage est sujet à caution. Bailly, maire de Paris, s'était du reste déjà attribué la même paternité. D'autres témoins de cette journée du 17 juillet 1789 affirmèrent que ce fut le roi lui-même qui, dans un geste de conciliation, plaça les rubans bleus et rouges qu'on lui avait remis à l'hôtel de ville, sur la cocarde blanche qu'il portait déjà. Cependant, il est fort peu probable que le 17 juillet, Louis XVI soit venu à l'hôtel de ville en arborant une cocarde blanche, symbole de son pouvoir militaire et marque du commandement dans l'armée royale. Cela aurait été une provocation. En revanche, il est indéniable que c'est dans la semaine qui a suivi la prise de la Bastille que les premières cocardes tricolores ont fait leur apparition. Et ce en très grand nombre (preuve que tout avait été préparé à l'avance, comme la prise de la Bastille elle-même ? rien n'est moins sûr). L'ordre des couleurs resta longtemps indéterminés, même si le bon usage voulait que l'on plaçât le blanc au centre.

3. La signification de ces trois couleurs a fait couler beaucoup d'encre. S'il est vrai qu'au début de l'été 1789 le blanc est bien la couleur du roi, de son drapeau et de sa cocarde, le bleu et le rouge associés ne sont que timidement celles de la ville de Paris. Le rouge et le tanné (brun-rouge foncé) sont bien plus souvent utilisées pour signifier le Ville et ses dignitaires que le rouge et le bleu.

En outre, si la cocarde tricolore n'existe pas avant le 15 ou le 17 juillet 1789, l'union tricolore du rouge, du bleu et du blanc constitue, sur de nombreux supports, notamment textiles, une combinaison de couleurs à la mode depuis au moins une décennie. Ce sont en effet les couleurs de la Révolution américaine et du drapeau des jeunes Etats-Unis d'Amérique, aux côtés desquels la France s'est battue pour la liberté. Dès la fin des années 1770, en France et dans d'autres pays du vieux continent, tous ceux qui adhèrent de près ou de loin au mouvement des libertés aiment à s'afficher en tricolore. La mode vestimentaire fait un grand usage de ces trois couleurs, y compris à la cour (d'autant qu'à la cour, depuis le XIVe siècle, la séquence bleu-blanc-rouge constitue la livrée des rois de France, Valois puis Bourbons ; elle est portée par l'ensemble du personnel domestique de la Maison de roi).

Une fois mis en valeur ce rôle indéniable de la Révolution américaine dans la vogue des étoffes tricolores, il reste à comprendre pourquoi, dès les années 1774-1775, les insurgés des colonies d'Amérique se sont dotés d'un drapeau bleu, blanc et rouge, c'est-à-dire d'un drapeau présentant les mêmes couleurs (combinées différemment) que celui de la couronne britannique, contre laquelle ils luttaient pour obtenir leur indépendance. En fait, il s'agit probablement d'un « contre-drapeau » : mêmes couleurs que le drapeau ennemi des Britanniques, mais figures différentes et significations tout à fait autres.

Dès lors, on se prend à rêver et à se dire que si le drapeau du Royaume-Uni n'avait pas été bleu, blanc et rouge, celui de la Révolution américaine ne l'aurait pas été non plus, et ni la Révolution française ni la France impériale puis républicaine n'en aurait fait usage. Or le drapeau britannique, le célèbre *Union Jack*, était bleu, blanc et rouge depuis le début du XVIIe siècle ; très exactement depuis qu'en 1603, Jacques VI Stuart, roi d'Ecosse, était devenu aussi roi d'Angleterre, réalisant l'union personnelle des deux royaumes. Ce faisant, il fit fusionner en une seule formule vexillaire tricolore la bannière d'Ecosse blanche et bleue et la bannière d'Angleterre blanche et rouge. Ainsi donc, si ce même Jacques Stuart n'était pas monté sur le trône d'Angleterre au début du XVIIe siècle, le drapeau français, né deux siècles plus tard, ne serait peut-être pas bleu blanc et rouge...

4. Revenons aux lendemains de la prise de la Bastille et à l'été 1789 pendant lequel le succès de la cocarde tricolore, symbole d'un patriotisme enthousiaste, est foudroyant. On la voit partout, et ses trois couleurs s'étendent aux écharpes, aux ceintures, aux cravates, aux vêtements, aux insignes et aux drapeaux portés par les patriotes. Le 10 juin 1790, l'Assemblée constituante déclare la cocarde tricolore « nationale », et quelques semaines plus tard, le jour de la fête de la Fédération, le champ de mars est entièrement pavoisé de bleu, de blanc et de rouge. Ce sont désormais « les trois couleurs de la Nation ».

Ces trois couleurs nationales vont progressivement prendre place sur les pavillons et les drapeaux officiels. Cela se fait lentement, entre 1790 et 1812, et souvent avec beaucoup d'hésitations, d'incompréhensions ou de confusions.

Le sort des pavillons de marine est réglé en premier. Dès l'automne 1790 l'Assemblée constituante décide que les vaisseaux de guerre et les bâtiments de commerce arboreront désormais un pavillon à trois bandes verticales, une rouge, une blanche et une bleue, la rouge étant située près de la hampe et la bande centrale blanche étant un peu plus large que les deux autres. Cette division en trois bandes a été faite dans l'axe vertical afin que ce nouveau pavillon national ne soit pas confondu avec celui des Provinces Unies. Depuis le XVIIe siècle, en effet, sur toutes les mers, le pavillon néerlandais est tricolore, et les trois bandes bleue, blanche et rouge sont horizontales, c'est-à-dire parallèles au grand côté du rectangle. C'est donc pour éviter une confusion (qui au départ a bien failli être faite) que l'on a abouti à la formule tronquée en hauteur qui restera celle du drapeau français.

Pour les armées de terre rien n'est encore décidé, car à cette époque comme pendant tout l'Ancien Régime un « drapeau » c'est avant tout un pavillon de marine. Le 22 octobre 1790, l'Assemblée demande néanmoins aux colonels de tous les régiments d'attacher à leurs drapeaux des cravates aux couleurs nationales. Demande répétée à plusieurs reprises jusqu'à l'été 1791. Le 10 juillet de cette année, il est décidé que chaque régiment devra, d'une manière ou d'une autre, posséder un drapeau aux couleurs de la Nation. La formule pour organiser la distribution de ces trois couleurs semble laissée à la liberté de chaque régiment. Pour l'infanterie, on recommande pour chaque premier bataillon un drapeau blanc à croix blanche cantonnée au premier canton de trois « bandes » horizontales, l'une bleue, l'autre blanche et la troisième rouge. Dans les faits, les formules retenues sont nombreuses et variées, certaines audacieuses, d'autres séduisantes, beaucoup compliquées ou incohérentes. On a oublié qu'un drapeau est un morceau d'étoffe fait pour être vu de loin. Cette situation perdure jusqu'en 1804, lorsque l'on décide d'uniformiser les drapeaux de tous les régiments autour d'un modèle déjà utilisé par certains : un grand carré blanc posé sur la pointe comme un losange, accompagné aux quatre coins de quatre triangles, deux bleus et deux rouges. La grande surface du carré permet d'y placer des inscriptions et des emblèmes divers.

5. Le 15 février 1794 (27 pluviose an II), la Convention nationale prend une décision importante dans la mise en place définitive du drapeau français. Elle décréte que pour « tous les vaisseaux de la République » le pavillon sera désormais le même : trois bandes verticales de même largeur (ce qui n'était pas le cas en 1790) aux couleurs nationales, le bleu près de la hampe (au lieu du rouge précédemment). C'est ce nouveau pavillon qui devient progressivement le drapeau français. Sous l'Empire, il flotte au palais des Tuileries et sur plusieurs bâtiments officiels, et en 1812, il remplace les drapeaux à losange et triangles des régiments de l'armée de terre. Une tradition

veut que le projet initial de ce nouveau pavillon national soit dû au peintre Louis David, mais aucun dessin ni document d'archives ne vient confirmer cette hypothèse. En outre, par rapport au pavillon de 1790 - pour la création duquel David n'avait joué aucun rôle - celui de 1794 n'introduit que de faibles modifications. Toutefois ce sont les dernières.

Sous les deux restaurations, la cocarde et le drapeau blancs font leur réapparition et sont seuls autorisés. Le drapeau tricolore, délaissé pendant quinze ans (1814/1815-1830), revient sur le devant de la scène avec les événements de 1830. Il flotte sur les barricades lors des journées insurrectionneles des 27, 28 et 29 juillet et contribue à la victoire des émeutiers parisiens. Si bien que le 1er août suivant, Louis Philippe d'Orléans, qui n'est encore que lieutement général du royaume et qui la veille a symboliquement reçu du vieux La Fayette un drapeau tricolore, ordonne que la France reprenne « ses couleurs nationales ». Le drapeau tricolore redevient le drapeau officiel de la Nation et de l'Etat. Il l'est resté sans interruption jusqu'à aujourd'hui malgré deux menaces : celle du drapeau rouge en 1848, celle du drapeau blanc en 1873.

Voir aussi *Bleu, Drapeau, France.*

Blue jean

Comme celles de tout objet à fort pouvoir mythologique, les origines historiques du jean restent entourées d'un certain mystère. A cela différentes raisons dont la principale tient sans doute à l'incendie qui, en 1906, lors du grand tremblement de terre de San Francisco, a détruit les archives de la firme Levi Strauss, créatrice du célèbre pantalon un demi-siècle plus tôt.

C'est en effet au printemps 1853 que le jeune Levi Strauss (curieusement son prénom véritable demeure incertain), petit colporteur juif de New-York, originaire de Bavière et âgé de 24 ans, arrive à San Francisco, où depuis 1849 la fièvre de l'or découvert dans la Sierra Nevada provoque un accroissement de population considérable. Il apporte avec lui une grande quantité de toile de tente et des bâches pour chariots. Les ventes sont médiocres. Un pionnier lui explique que dans cette partie de la Californie on n'a pas tant besoin de toile de tente que de pantalons solides et fonctionnels. Le jeune Levi Stauss a alors l'idée de faire tailler des pantalons dans sa toile de tente. Le succès est immédiat, et le petit colporteur de New-York devient confectionneur de prêt à porter et industriel du textile. Il fonde avec son beau-frère une société qui ne cesse de croître au fil des années. Bien qu'elle diversifie sa production, ce sont les salopettes (*overalls*) et les pantalons qui se vendent le mieux. Ceux-ci ne sont pas encore bleus mais de différents tons s'inscrivant entre le blanc cassé et le brun foncé. Mais la toile de tente, si elle est très solide, constitue un tissu vraiment lourd, rêche et difficile à travailler. Entre 1860 et 1865, Levi Strauss a donc l'idée de la remplacer progressivement par du *denim*, tissu de serge importé d'Europe et teint à l'indigo. Le jean bleu est né.

L'origine de ce terme anglais *denim* est controversée. Il est possible qu'il s'agisse au départ une contraction de l'expression française « serge de Nîmes », étoffe faite de laine et de déchets de soie fabriquée dans la région de Nîmes depuis au moins le XVIIe siècle. Mais ce terme désigne aussi, à partir de la fin du siècle suivant, un tissu associant le lin et le coton, produit dans tout le Bas-Languedoc et exporté vers l'Angleterre. En outre, un beau drap de laine, produit sur les bords de la Méditerranée entre la Provence et le Roussillon, porte le nom occitan de *nim*. Il est peut-être lui aussi à l'origine du mot *denim*. Tout cela reste incertain, le chauvinisme régional des auteurs ayant écrit sur ces questions ne facilitant pas la tache des historiens du vêtement.

Quoi qu'il en soit, au début du XIXe siècle, c'est un tissu de coton très solide, teint à l'indigo, qui porte en Angleterre et aux Etats-Unis d'Amérique le nom de *denim* ; il sert notamment à fabriquer les vêtements des mineurs, des ouvriers et des esclaves noirs. Et c'est donc lui qui, à l'horizon des années 1860, remplace peu à peu le *jean*, étoffe dont Levi Strauss se servait jusque-là pour tailler ses pantalons et ses salopettes. Ce mot *jean* correspond à la transcription phonétique du terme italo-anglais *genœse*, qui signifie tout simplement « de Gênes ». La toile de tente et de bâche dont se servait le jeune Levi-Strauss appartenait en effet à une famille de tissus autrefois originaires de Gênes et de sa région ; faits d'abord d'un mélange de laine et de lin (plus tard de lin et de coton), ils servaient à fabriquer, depuis le XVIe siècle, des voiles de navire, des pantalons de marin, des toiles de tente et des bâches de toutes sortes.

A San Francisco, le pantalon Levi Strauss, par une sorte de métonymie, avait pris dès les années 1853-1855 le nom de son matériau : *jean*. Lorsqu'une dizaine d'années plus tard ce matériau changea, le nom resta. Les *jeans* furent désormais taillés dans du *denim* et non plus dans de la toile de Gênes.

En 1872, Levi Strauss s'associa avec un tailleur juif de Reno, Jacob W. Davis, qui deux ans plus tôt avait imaginé de confectionner des pantalons pour bûcherons ayant sur l'arrière des poches fixées au moyen de rivets. Les jeans Levi Strauss eurent désormais des rivets. Bien que l'expression *blue jeans* ne fasse son apparition commerciale qu'en 1920, les jeans Levi Strauss, dès les années 1870, étaient tous de couleur bleue. Le coton denim était teint à l'indigo. Il était trop épais pour absorber totalement et définitivement toute la matière colorante, si bien qu'il ne pouvait être garanti « grand teint ». Mais c'est justement cette instabilité de la teinture qui fit son succès ; la couleur apparaissait comme une matière vivante, évoluant en même temps que le porteur du pantalon ou de la salopette. Quelques décennies plus tard, lorsque les progrès de la chimie des colorants permirent de teindre à l'indigo n'importe quelle étoffe de manière solide et uniforme, les firmes productrices de jeans durent blanchir ou décolorer artificiellement leurs pantalons bleus afin de retrouver la tonalité indigo délavé des origines.

A partir de 1890, la patente juridico-commerciale qui protégeait les jeans de la firme Levi Strauss prit fin. Des marques concurrentes virent le jour qui proposèrent des pantalons taillés dans un tissu moins épais et vendus moins cher. La firme Lee, créée en 1911, eut l'idée de remplacer les boutons de braguette par une fermeture Eclair en 1926. Mais c'est la firme Blue Bell (devenue Wrangler en 1947) qui, à partir de 1919, fit le plus de concurrence aux jeans Levi Strauss. Par réaction, la puissante firme de San Francisco (dont le fondateur était mort milliardaire en 1902) créa le « Levis' 501 », taillé dans un coton denim double et gardant fidèlement les rivets et les boutons métalliques. En 1936, pour éviter toute confusion avec des marques concurrentes, une petite étiquette rouge portant le nom de la marque et cousue le long de la poche arrière droite fit son apparition sur tous les authentiques jeans Levi Strauss. C'était la première fois qu'un nom de marque s'affichait de manière ostensible sur la partie extérieure d'un vêtement.

Entre-temps le jean avait cessé d'être seulement un vêtement de travail. C'était devenu aussi un vêtement de loisirs et de vacances, notamment pour la riche société de l'est des Etats-Unis venant passer ses vacances à l'ouest et voulant y jouer aux cow boys et aux pionniers. En 1935, la luxueuse revue *Vogue* accueillit sa première publicité pour ces jeans « bon genre ». En même temps, sur certains campus universitaires, le jean était adopté par les étudiants, notamment ceux de deuxième année qui s'efforcèrent pendant un temps d'en interdire le port aux « bizuths » de première année. Le jean devenait un vêtement de jeunes et de citadins, plus tard de femmes. Après la Seconde Guerre mondiale sa vogue toucha l'Europe occidentale. On s'approvisionna d'abord dans les « stocks américains », puis les différents fabricants installèrent leurs usines en Europe même. Entre 1950 et 1975, toute la jeunesse se mit progressivement à porter des jeans. Les sociologues virent dans ce phénomène, largement relayé (sinon manipulé) par la publicité, un authentique fait de société, un vêtement androgyne, un emblème de la contestation ou de la révolte de la jeunesse. En fait, celle-ci n'a jamais eu le monopole du jean. C'est du reste en partie pour cette raison qu'à partir des années 1980, beaucoup de jeunes, en Occident, commencèrent à se détourner du jean au profit de vêtements de coupes différentes, taillés dans d'autres tissus, de textures et de couleurs plus variées. Sur les jeans, en effet, malgré des tentatives faites dans les années 1960 et 1970 pour diversifier les couleurs, le bleu et ses différentes nuances restaient et restent encore aujourd'hui nettement dominants.

Alors qu'en Europe occidentale le port du jean était en recul (le fin du fin, à partir des années 1980, étant de ne plus jamais en porter), celui-ci devint dans les pays communistes (et aussi dans les pays en voie de développement, voire dans les pays musulmans) un vêtement contestataire, une ouverture vers l'Occident, ses libertés, ses modes, ses codes, ses systèmes de valeur. Le mythique pantalon de coton bleu, produit du capitalisme américain dans ce qu'il a de plus audacieux et de plus pervers, a sans doute encore de beaux jours devant lui.

Voir aussi *Azur, Bleu, Délavé, Protestantisme.*

Bronzage

L'histoire des pratiques de bronzage reste à écrire. Elle obéit à des rythmes cycliques et à des mouvements de balancier qui ne sont guère différents de ceux affectant les modes vestimentaires : cycles longs entrecoupés de cycles plus courts et systèmes de valeurs changeant d'un milieu social à l'autre.

En France, dans la longue durée, l'histoire du bronzage se découpe en trois périodes. Sous l'Ancien Régime et encore dans la première moitié du XIXe siècle, les personnes appartenant à l'aristocratie ou à la « bonne société » se doivent d'avoir la peau la plus claire et la plus unie possible, afin de ne pas être confondues avec les paysans. Ces derniers, travaillant au grand air et au soleil, ont en effet un teint cuivré, une peau rubiconde, parfois semée de taches foncées : c'est affreux. Dans toutes les œuvres littéraires un paysan est un personnage rougeaud et un ancien paysan ne peut cacher ses origines en raison de la couleur indélébile de sa peau.

Dans la seconde moitié du XIXe siècle, lorsque cette même « bonne société » commence à fréquenter le bord de mer puis, plus tard, la montagne, il devient de bon ton de montrer que l'on peut s'offrir un tel luxe en affichant un teint halé, une peau lisse et bronzée par les rayons du soleil. Il ne s'agit plus désormais de se distinguer du paysan mais de l'ouvrier, au teint blême, grisâtre, sale ou tacheté. Ces pratiques et ces valeurs s'accentuent au fil des décennies et atteignent leur apogée dans les années 1920. Toutefois, après le Front Populaire puis, surtout, à partir des années 1950-1960, lorsque les vacances au bord de la mer et la pratique des sports d'hiver s'étendent aux classes moyennes puis à une partie des classes modestes, la « bonne société » tourne progressivement le dos au bronzage, désormais à la portée de tout le monde, ou presque. Le grand chic est de ne pas être bronzé, surtout si l'on revient de la mer ou de la montagne. Seuls les parvenus, les stars et les Français ordinaires continuent de se faire bronzer.

Plus pour très longtemps. La multiplication des cancers de la peau et des maladies dues à l'exposition volontaire au soleil font reculer le bronzage. Celui-ci devient dangereux s'il est obtenu par des moyens naturels et ridicule s'il l'est par des moyens artificiels. En outre, des motifs moins avouables, dans une France devenue multi-ethnique et confrontée au problème du racisme, ont peut-être également contribué à faire reculer la mode du bronzage dans certains milieux sociaux ou professionnels.

Caméléon

Le caméléon, petit reptile saurien et insectivore, est remarquable à plus d'un titre : sa queue et ses pattes sont préhensiles ; ses yeux sont mobiles en tous sens, indépendamment l'un de l'autre ; sa langue vermiforme très longue peut être projetée d'un seul coup vers un insecte qui y est aussitôt collé et ramené vers la bouche. Mais c'est surtout à son étonnant pouvoir d'homochromie qu'il doit sa célébrité. Comme certains poissons, le caméléon possède en effet la faculté de modifier brusquement la couleur de sa peau et de l'adapter à celle du milieu où il se trouve. Cela lui permet de se confondre avec ce milieu et d'être difficilement repérable par ses prédateurs. Malgré d'innombrables études, les mécanismes autorisant une telle mutation n'ont pas encore livré tous leurs mystères. Peut-être est-ce mieux ainsi...

Les rapports privilégiés que le caméléon entretient avec l'univers des couleurs lui ont valu autrefois une mauvaise réputation. Chez les auteurs médiévaux, il est souvent - comme tout ce qui est changeant - symbole d'hypocrisie, de mensonge, de félonie. Jusqu'à une date récente, traiter une personne de « caméléon » (Balzac et les frères Goncourt usent abondamment de ce mot : le premier crée même les néologismes *caméléonien* et *caméléonesque*) c'est dénoncer la façon dont cette personne change d'opinion ou de conduite selon les circonstances ou selon ses intérêts. Aujourd'hui, une telle métaphore est désuète, car le caméléon n'est plus pris en mauvaise part. Bien au contraire, profitant de la revalorisation générale de la couleur dans tous les domaines de la vie sociale, de l'imaginaire et de la sensibilité, il apparaît comme une créature sympathique, gaie, ludique, qui sait jouer de toutes les couleurs de la nature. Il est devenu une palette ou un arc-en-ciel à lui tout seul (au point de servir parfois d'emblème aux peintres et aux décorateurs). Le livre pour enfants s'en est récemment emparé et le met en scène sous forme d'un joyeux petit dragon bénéfique (animal chimérique, le dragon s'est lui aussi totalement revalorisé dans le bestiaire contemporain). Ses aventures aident le tout jeune lecteur à pénétrer dans l'univers complexe et vivifiant des couleurs.

Ce sont évidemment ces dernières qui ont assuré au caméléon sa récente promotion. Cependant, il n'est pas impossible que son nom ait, lui aussi, contribué à cette revalorisation. Caméléon fait penser à Napoléon, nom d'un personnage certes controversé, mais nom qui a souvent faire rire, surtout les enfants. Ceux-ci ignorent l'étymologie grecque qui fait du caméléon un « petit lion qui se traîne à terre ». Ils ne savent pas non plus que le latin médiéval, jouant sur les mots, a transformé notre animal en une créature hybride, mi-lion mi-chameau. Mais ils sentent bien que le mot *caméléon*, comme le nom Napoléon, est un mot destiné à faire rire. C'est une sorte de « mot-valise », à la fois étrange et ridicule. Comme le nom de l'empereur « dont le fils Léon a crevé l'bidon ».

Voir aussi *Cochon, Taureau.*

Cassé

Seul le blanc peut être cassé, les autres couleurs ne sont que rompues. Il n'existe pas de « rouge cassé », de « bleu cassé », de « jaune cassé » ; il n'existe que des rouges, des bleus, des jaunes dont le ton a été rompu, c'est-à-dire des rouges, des bleus, des jaunes auxquels on a ajouté un peu de gris ou un peu d'une autre couleur (le plus souvent la couleur dite « complémentaire ») pour en rabattre l'éclat ou pour en modifier la nuance et les reflets. Le « blanc cassé », en revanche, est une nuance de blanc qui occupe une place importante dans notre vie quotidienne et que nous n'avons pas de difficulté à nommer. La tonalité en est pareillement rompue au moyen d'un peu de gris, de jaune ou de beige mais en raison de la fragilité extrême des blancs purs, l'usage préfère parler d'un blanc cassé plutôt que d'un blanc rompu ou rabattu. Comme si un tel blanc était plus brisé que modifié.

Est-il besoin de préciser que cette fragilité est d'ordre symbolique et non pas d'ordre chimique ni même chromatique ? En matière de pureté, d'innocence, de virginité, il n'existe pas de nuance ni de demi-mesure.

Voir aussi *Blanc, Beige, Délavé, Saturation.*

Cheval

Le profane juge toujours un peu pédant, sinon ridicule, l'emploi d'un vocabulaire technique par le spécialiste de tel ou tel domaine. Ce vocabulaire a cependant sa raison d'être et, dans la plupart des cas, l'ésotérisme apparent va de pair avec une haute et nécessaire technicité. Il est malheureusement des domaines où l'usage ancien (et légitime) d'un lexique particulier, s'articulant autour de termes aujourd'hui disparus, désuets ou précieux, semble transformer le raffinement du vocabulaire en véritable cuistrerie. Pour ce qui concerne la couleur, c'est par exemple le cas de la langue française du blason qui ne dit pas blanc, jaune, rouge, etc., mais *argent, or, gueules, azur, sable* et *sinople*. C'est aussi et surtout le cas de la description de la robe des chevaux en langage hippique.

Là où le commun des mortels userait de mots ordinaires, l'hippologue (et ses deux cousins l'hippomane et l'hippopathe) emploiera un lexique spécifique, souvent utile pour fournir quelques précisions de nuance, mais d'un emploi parfois flottant, inutile ou prétentieux. Contrairement à ce que l'on pourrait croire, en effet, ce lexique n'a rien de scientifique ni de rigoureux. Comme tout ce qui touche à la couleur, il s'appuie sur des impressions et des classifications subjectives, et relève plus de la palette du peintre ou du poète que de celle du physicien (personne au demeurant ne s'en plaindra). En outre, mélangeant des termes anciens tombés en obsolescence et des mots appartenant à la langue de tous les jours, il entretient comme à plaisir des incertitudes et des confusions. Comme si sa fonction première était non pas de décrire la couleur du pelage de l'animal mais d'exclure le non initié du micro-milieu qui fait usage d'un tel code. De semblables stratégies lexicales, plus idéologiques que véritablement linguistiques, existent dans tous les champs du savoir et dans tous les milieux sociaux. Elles sont bien connues des linguistes et n'appellent pas ici de remarques particulières.

Le mot *robe* désigne l'ensemble des poils et des crins du cheval. Cette robe, généralement plus foncée à la naissance qu'à l'âge adulte, peut varier avec la saison, plus claire en été, plus sombre en hiver. Elle peut être monochrome, bichrome ou polychrome. S'il a une robe d'une seule couleur, le cheval peut être *blanc* (horizon théorique puisque dans presque tous les cas il s'agit d'un gris clair), *gris, noir* ou *alezan*. Ce dernier mot ne renvoie pas à une coloration précise mais à toutes les robes unies qui s'inscrivent entre le fauve clair et le brun foncé. Un adjectif qualifie souvent la nuance de cette robe alezane : claire, brûlée, dorée, etc.

Quand le cheval possède une robe composée, plusieurs cas peuvent se présenter. Si le corps est d'une couleur et les membres, la crinière et la queue noirs, le cheval peut être *bai* (lorsque le corps est brun rouge), *isabelle* (corps jaunâtre ou café au lait) ou *souris* (corps gris cendré). Si le corps, les membres et la crinière sont identiquement composés de deux couleurs mélangées, le cheval peut être *aubère* (poils blancs et rouges), *louvet* (poils rouges - ou roux - et noirs) ou *gris*. Ce dernier terme, que l'on peut préciser par de nombreux adjectifs (*fer, tourdille*, etc.) renvoie donc tantôt à une robe monochrome, tantôt à une robe bichrome. Quand le cheval aubère a le poil plutôt clair, il est dit *fleur de pêcher* ou *pêchard*, le poil plutôt foncé, *fleur de lilas*.

Si la robe est composée de poils de trois couleurs (souvent deux couleurs pour le corps et une pour les extrémités) le cheval est dit *rouan*. Si elle présente des plaques bichromes, une des deux couleurs étant le blanc, le cheval est qualifié de *pie* : pie alezan, pie noir, pie bai lorsque le blanc domine ; alezan pie, noir pie, bai pie quand c'est le contraire. Enfin, un cheval possédant une robe bigarrée faites de rayures ou de taches irrégulières, est appelé, selon les cas *tigré, moucheté, bordé, truité, herminé, pommelé, moiré, neigé,* et même *rouanné* ou *aubérisé* !

Ce lexique français, dont l'étude philologique est complexe, a été en grande partie codifié et institutionnalisé par le *Traité d'Hippologie* de l'École de cavalerie de Saumur en 1937. Il demeure toutefois plus théorique que pratique, chaque locuteur ou milieu hippique pouvant avoir ses habitudes et ses particularismes. Pour le profane, il représente un superbe horizon onirique et poétique. Ce qui suffit largement à en légitimer l'existence.

Voir aussi *Bas et collants, Nom, Vin.*

Chocolat

En français, le lexique des différentes nuances du brun s'est mis en place relativement tard et a souvent pris pour référents des matières ou des produits modernes, ayant un fort pouvoir connotatif : café, tabac, cognac, havane, caramel, chocolat. Ce dernier mot, employé comme terme de couleur, est à cet égard exemplaire. Il exprime certes une nuance de brun foncé, saturé et plus ou moins chaud, mais il traduit aussi et surtout l'idée d'un brun agréable, sympathique, presque ludique. Comme souvent, la qualité affective prime la précision chromatique. Dans la gamme des bruns foncés, souvent désagréables pour l'œil, le choix d'un tel mot permet de valoriser une nuance de couleur, ou du moins l'idée que l'on veut en donner. Une couleur *chocolat* ne peut-être qu'une bonne couleur, même si sa nuance reste très incertaine.

Quelle est en effet la couleur du chocolat ? A l'état de fève, cette couleur est des plus variables. A l'état de produit alimentaire, elle l'est encore plus, que le chocolat soit liquide, solide ou en poudre. Il peut être de toutes les nuances de brun, mais aussi de blanc et de noir ; il peut même être teinté d'orange, de jaune ou de bleu. Peu importe. Conceptuellement, une couleur *chocolat* s'inscrit toujours dans la gamme des bruns foncés ; elle est plus chaude et plus sombre qu'une couleur *café* ; plus rouge qu'une couleur *caramel* ; moins grise qu'une couleur *tabac* ; plus appétissante qu'une vulgaire couleur *marron*. Cette couleur *chocolat*, on en mangerait !

Voir aussi *Bas et collants, Marron, Sépia.*

Cigarettes

Une partie non négligeable des fumeurs de cigarettes choisit celles-ci, non pas d'après le goût du tabac, ni d'après le taux de goudron ou de nicotine, encore moins d'après le prix de vente, mais bien d'après la couleur du paquet. Comme pour les couvertures de livres, comme pour un grand nombre de produits manufacturés et soigneusement emballés ou présentés, c'est l'aspect extérieur, la maquette de l'enveloppe qui détermine les choix et les comportements de la clientèle. Dans nos sociétés contemporaines, on le sait, le contenant importe souvent plus que le contenu.

Sur les paquets de cigarettes, la couleur n'est cependant pas seule en cause. L'image, le logo, la typographie sont aussi des éléments importants pour séduire le consommateur. Mais la couleur, c'est-à-dire ce qui se voit du plus loin et qui emblématise l'ensemble du paquet, reste l'élément déterminant. Certaines couleurs sont jugées ringardes, d'autres vulgaires, d'autres encore « du dernier chic ». Mais comme tout phénomène de mode, ce « dernier chic » a une vie éphémère. Dans les années cinquante, pour les cigarettes blondes, le « chic » était représenté par les paquets rouges, moins communs et plus accrocheurs que les paquets à fond blanc. Puis est venue la mode des paquets dorés, sorte de « superrouge » (rappelons-nous ici les premiers et tapageurs paquets dorés lancés par la marque Benson and Hedges). A la vogue du doré a succédé celle, plus durable, du noir, dont le sobre et élégant paquet de Players (JPS) a fait le succès, sous le qualificatif de *Special*. Puis, au noir, certains consommateurs - ou plutôt certaines, car ce type de comportement fut surtout féminin - ont commencé à préférer le vert foncé. Ce qui les a obligées, dans un premier temps, à fumer des cigarettes au goût mentholé, le vert étant, sur les paquets de cigarettes comme sur un grand nombre de produits, le signe d'une présence de menthe. Mais les fabricants se sont rapidement adaptés et ont proposé à la vente des paquets de cigarettes vert foncé dont le goût n'était plus nécessairement mentholé. Peine perdue, car le vert est vite passé de mode et a dû céder le leadership du snobisme aux paquets blancs, revenus en force, parfois rehaussés d'un filet ou d'un encadrement noir ou doré. En attendant l'étape suivante...

Tout cela s'est fait très subtilement, sans rupture ni modification brutale. Les marques ont su tenir compte de ces caprices d'une partie du public (il s'agit plus de fumeurs occasionnels ou de « petits » fumeurs que de véritables esclaves du tabac, bien évidemment), au besoin même les devancer ou les provoquer. Par ailleurs, elles ont su aussi, dans la plupart des cas, ne rien abandonner de leur image de marque, ni du logo ou des couleurs qui au fil des décennies avaient parfois assuré le succès de cette marque. Dans d'autres cas, il y eut quelques hésitations sur la conduite à tenir, mais la solution - coûteuse - s'est trouvée dans la fabrication, pour une même marque, de paquets de différents aspects : les uns, immuables, destinés à la clientèle fidélisée depuis longtemps ; les autres, plus ou moins « caméléons », changeant de couleurs et de graphisme pour s'adapter aux soubresauts de modes éphémères, suivies par une clientèle fantasque et quelque peu chromopathe.

Le plus étonnant réside probablement dans ce que toutes les remarques qui viennent d'être faites à propos des paquets de cigarettes peuvent s'appliquer sans guère de modification aux paquets de café.

Voir aussi *Livre, Médicaments.*

Cinéma

Le cinéma est un des domaines où s'est fait sentir avec le plus d'acuité l'opposition entre le monde des couleurs et celui du noir et blanc (opposition, rappelons-le, relativement récente dans la culture occidentale : elle est pratiquement inconnue des sociétés antiques et médiévales). Dès ses débuts, on a cherché à donner au cinématographe des couleurs, notamment en coloriant à la main et au pochoir des copies de film positives. Ce procédé étant long et coûteux, on a ensuite utilisé des systèmes chimiques de virage et de mordançage, puis de véritables techniques de teinture pour apporter un peu de couleur (teintes verdâtres ou sépia, camaïeux, bichromie, etc.) aux premiers films. Les recherches s'intensifièrent après la Première Guerre mondiale, et des procédés nouveaux, appuyés sur le principe de la superposition des trois couleurs dites « primaires » (jaune, cyan, magenta), virent le jour. Le véritable cinéma « en couleurs » naquit progressivement dans les années trente.

En 1938, le succès commercial du film de Michael Curtiz, *Les aventures de Robin des Bois* donna pour un certain temps la primauté au procédé technicolor. On recherchait alors les couleurs vives, fortement contrastées, éloignées de la réalité. Par la suite, lorsque les films en couleurs devinrent plus nombreux que les films en noir et blanc, on tenta, sans grand succès, d'éviter de donner aux images cinématographiques un aspect « cartes postales ». Esthètes et créateurs dénoncèrent même la place trop envahissante de la couleur et son caractère irréaliste. Au cinéma, en effet, comme désormais à la télévision et dans les magazines, la couleur occupe une place disproportionnée par rapport à celle qui est la sienne dans la vision naturelle. Mais le grand public ne suivit pas et refusa le retour au noir et blanc (exigé par les vrais cinéphiles pour certaines catégories de films). Le phénomène récent de la « colorisation » d'anciens films tournés (et pensés !) en noir et blanc souligne bien cette forte demande du public pour la couleur - demande certes mercantile mais aussi (hélas !) culturelle. Les téléspectateurs américains (et bientôt sans doute européens) sont peu nombreux à regarder les anciens films en noir et blanc. Il faut donc les « coloriser » (le mot est en lui-même abominable). Ce que l'on a fait à partir des années 1980 et ce qui a suscité de nombreuses polémiques, à la fois juridiques, morales et artistiques.

Aujourd'hui, tourner un film en noir et blanc coûte souvent plus cher que tourner un film en couleurs (même chose pour la photographie). D'où, par un mouvement de balancier dont les modes et les systèmes de valeurs sont coutumiers, une nette revalorisation du noir et blanc, plus beau, plus vrai, plus atmosphérique, plus « cinématographique ». Chez quelques cinéphiles, un certain snobisme (qui n'est pas pour me déplaire) invite à refuser de voir en salle les films en couleurs. On peut ne pas partager de telles convictions, mais force est de reconnaître que le cinéma est historiquement, emblématiquement et mythologiquement lié au monde du noir et blanc. Et cela, on ne pourra pas le changer du jour au lendemain, même en « colorisant » tous les vieux films.

Voir aussi *Pollution, Protestantisme, Sépia.*

Cochon

1. Le porc domestique est un animal magique. Dans nos images et notre imaginaire, dans la bande dessinée et le livre pour enfants, dans tous les systèmes de représentation, il a le pelage rose. Or, dans la réalité, il en va tout autrement : ses soies peuvent être de couleurs variées (blanches, crème, fauves, brunes, noires, bichromes, polychromes), mais elles ne sont jamais roses. Cet écart entre le réel et l'imaginaire ne concerne du reste pas seulement la couleur. Il concerne aussi les formes. Le cochon peint ou dessiné n'a que peu de rapport avec l'animal véritable ; il est toujours plus rond, plus ramassé, plus court sur pattes. L'image le dote en outre d'attributs - queue en tire-bouchon, oreilles pendantes, groin proéminent - parfois fort éloignés de son anatomie réelle.

Loin de traduire une méconnaissance, ces distances me semblent exprimer au contraire une profonde intimité entre l'homme et le porc. Plus un animal ou un objet est, dans les représentations, éloigné de ce qu'il est dans la réalité, plus il joue un rôle important dans l'imaginaire des hommes (à propos des couleurs, pensons au cas voisin du vin et du raisin).

2. Dans le domaine des couleurs, une autre particularité du cochon est de fournir un contraire au rose. Au cochon rose s'oppose le cochon noir. Les deux couleurs font couple et nous aident à sentir comment l'une peut être le contraire de l'autre. Si les porcs n'existaient pas, nous serions bien en peine de trouver un contraire à la couleur rose : violet ? bleu ? olive ? caca d'oie ? non-rose ?

Voir aussi *Animal, Rose, Vin.*

Code de la route

Pour qui veut étudier la couleur en tant que système de signes, le code de la route constitue un champ d'investigation exemplaire. L'histoire, la sociologie, la psychologie, la sémiologie et la linguistique s'y croisent et s'y recroisent pour faire fonctionner un système qui compte certainement parmi les plus performants produits par la culture occidentale (et qui s'est progressivement étendu à la planète dans son ensemble). Il est du reste étonnant que le code de la route et la signalisation par laquelle il s'exprime aient suscité si peu de travaux, aussi bien chez les sociologues que chez les sémiologues ou les spécialistes de l'image et de la communication.

Historiquement, la signalisation routière est fille de la signalisation maritime et ferroviaire. Une stricte généalogie des signes et des signaux serait donc nécessaire pour distinguer ce qui est déjà utilisé avant son apparition, à la fin du XIXe siècle, et ce qui relève de sa création propre. Faute de place, il est impossible de la faire ici. Contentons-nous donc de mettre en valeur les relations que le code de la route entretient avec l'univers des couleurs et de souligner les principaux modes de fonctionnement de celles-ci.

La signalisation peut prendre trois formes : horizontale (indications peintes au sol), verticale (panneaux routiers) et lumineuse (feux tricolores, systèmes clignotants). Mais dans les trois cas, les significations ou connotations des différentes couleurs restent les mêmes. Seules six couleurs sont employées : le rouge, le bleu, le jaune, le vert, le blanc et le noir. Ce sont en Occident, depuis le Moyen Age, les six couleurs de base de tous les systèmes chromatiques, qu'ils soient emblématiques ou symboliques. Ni l'exclusion du noir et du blanc de l'ordre des couleurs (entre le XVe et le XVIIe siècle), ni la distinction

« scientifique » entre couleurs primaires et couleurs complémentaires (à partir du XVIIIe siècle), ni la promotion récente du violet, du rose ou de l'orange n'ont réussi à changer quoi que ce soit à la primauté de ces six couleurs.

Les trois plus importantes sur les panneaux de signalisation sont le blanc, le rouge et le bleu. Le blanc toutefois ne fonctionne pas tout seul mais en couple avec les autres couleurs. Présent sur la grande majorité des panneaux (où il peut se traduire par du crème ou du beige clair), il n'a pas de signification propre. C'est souvent une simple surface d'inscription et c'est l'association avec une autre couleur qui lui donne son sens. Le rouge, en revanche, est toujours relié à l'idée de danger ou d'interdiction ; danger quand il entoure un panneau (innombrables cas), interdiction quand il fait couple soit avec le blanc (sens interdit, stop), soit, plus rarement, avec le bleu (stationnement interdit).

Lorsqu'il est couleur de fond - ce qui est fréquent -, le bleu peut signaler une obligation (vitesse minimale, direction obligatoire, etc.), ou bien apporter une indication (parking, hôpital, début de section d'autoroute). Il est alors associé au blanc. Le jaune relève surtout de la signalisation temporaire. Il sert lui aussi de couleur de fond à certains panneaux qui invitent les usagers à la prudence dans les cas de modification de voie ou d'itinéraire (accident, chantier, travaux, etc.). Moins abondant, le vert connote toujours une autorisation (comme dans le cas des feux tricolores. Il peut également indiquer une direction conseillée (itinéraire de délestage, par exemple) ou une certaine catégorie de routes (la hiérarchie des couleurs - bleu, rouge, jaune, blanc - correspond en général à la hiérarchie du réseau : autoroutes, grandes routes, routes de moyenne importance, etc.). Quant au noir, soit il apporte purement et simplement une information (c'est la couleur propre du signe posé sur fond blanc), soit il signale au moyen d'une barre oblique une fin d'interdiction (de dépasser, de rouler à telle vitesse, de klaxonner).

Cela dit, il faut remarquer que le système chromatique du code de la route est moins rigoureux et plus souple qu'on ne le croit. C'est du reste sans doute ce qui lui permet de fonctionner efficacement. Chaque couleur possède plusieurs connotations ou dénotations, et la même notion peut s'exprimer par plusieurs couleurs. En outre, il existe des variantes d'un pays à l'autre, voire, dans certains pays (Allemagne, Italie, Grande-Bretagne), d'une région à l'autre ou d'une catégorie de routes à l'autre. Mais des idées fortes sont récurrentes, comme celle qui associe le rouge à l'interdiction. Sur les anciennes brochures du code de la route, il y a peu de rouge (et au contraire beaucoup de bleu) parce qu'il y a peu d'interdictions. Tandis que sur les volumineux répertoires actuels, le rouge est devenu envahissant car le danger et les interdictions sont désormais présents partout. A elle seule, cette différence résume bien l'évolution de nos sociétés entre le début et la fin du XXe siècle.

Voir aussi *Drapeau, Héraldique, Voiture.*

Colorer/colorier

Le français distingue soigneusement les verbes *colorer* et *colorier*, ce qui ne fait pas l'anglais (*to colour* dans les deux cas) et mal l'allemand (*farben* s'emploie surtout pour l'idée de colorer, mais *Farbe geben, mit Farbe ausfüllen* ou même *kolorieren* peuvent convenir pour les deux sens). Colorier c'est simplement appliquer des couleurs sur une surface ; colorer c'est d'abord donner une certaine couleur, mais aussi et surtout donner de la couleur. D'où, pour ce second verbe, de nombreux sens figurés étrangers au premier : donner de l'éclat, de la vie, du mouvement, farder, embellir, rendre original ou séduisant.

Colorer passe pour un acte plus noble que colorier. Les artistes qualifient parfois les peintres du dimanche de colorieurs, et les historiens de l'art considèrent certains genres « mineurs » de la peinture comme relevant du coloriage. Ainsi, je n'oublierai jamais le mépris avec lequel l'un d'entre eux (ou plutôt l'une...), à qui je montrais une splendide page d'armoiries enluminées du XIVe siècle en parlant d'« art héraldique », m'a répondu : « c'est du coloriage ».

Voir aussi *Couleur, Feutres, Héraldique, Incolore.*

Couleur

1. La couleur est quelque chose d'indéfinissable. Ce que l'on peut tenter de définir, en revanche, c'est le « phénomène couleur », c'est-à-dire les conditions et l'acte de perception qui nous font comprendre que la couleur existe. Dans l'état actuel de nos connaissances, on s'accorde à penser que, pour que ce phénomène couleur soit possible, il faut disposer de trois éléments : une source d'énergie lumineuse, un objet modulateur sur lequel tombe cette énergie (à la limite ce peut être l'air) et un organe récepteur, c'est-à-dire l'homme (ou l'animal) armé de cet appareil complexe - à la fois biologique et culturel - que constitue le couple œil-cerveau. Si l'un de ces trois éléments fait défaut, il ne peut exister de phénomène couleur.

Les avis commencent à diverger lorsque l'homme, en tant que récepteur, se fait remplacer par un appareil enregistreur. Pour beaucoup de physiciens et même de chimistes, ce qui est enregistré c'est encore de la couleur. Pour la plupart des philosophes et des anthropologues, ce qui est enregistré n'est pas de la couleur mais de la lumière. La couleur est un produit culturel ; elle n'existe pas si elle n'est pas perçue, c'est-à-dire si elle n'est pas non seulement vue avec les yeux mais aussi et surtout décodée avec le cerveau, la mémoire, les connaissances, l'imagination. Une couleur qui n'est pas regardée est une couleur qui n'existe pas. Une robe rouge n'est plus rouge lorsque personne ne la regarde. Telle est du moins l'opinion philosophique à laquelle, en tant qu'historien, je souscris entièrement.

2. Le mot *couleur* est devenu en français moderne un mot extrêmement valorisant. Cela n'était le cas ni en ancien français ni en moyen français, qui l'associaient souvent à l'idée d'enveloppe, de fard, de déguisement, d'artifice et de tromperie (étymologiquement, le mot latin *color* peut se rattacher à la famille du verbe *celare* qui signifie « cacher »). Aujourd'hui le mot *couleur* s'emploie en tous contextes, désigne de multiples objets, est « mis à toutes les sauces ». C'est un mot qui, comme ce qu'il désigne, séduit, attire, fait vendre. Il remplace désormais fréquemment des mots qui se sont appauvris, comme *art, peinture, lumière, tableaux, musique, voix, paysage, temps, visage, jardin, vêtement,* etc. Au musée, on n'organise plus une exposition sur « L'œuvre de Matisse » mais sur « Les couleurs de Matisse ». Au concert, on n'entend plus la voix de telle ou telle cantatrice mais sa « couleur vocale ». Dans une agence de voyage, on ne prend plus un billet pour aller visiter les paysages scandinaves mais « les couleurs du grand Nord ». A la radio, on ne donne plus d'informations météorologiques mais on indique « les couleurs du temps ». Quant aux marchands de peintures - aussi bien peintures artistiques que peintures en bâtiment - ils ne vendent plus de la peinture mais de la

couleur. C'est mieux, plus chic, plus séduisant, plus « porteur ». (De la même façon, les pharmaciens ne vendent plus de nos jours des médicaments mais de la santé.)

Il va sans dire que l'emploi immodéré du mot *couleur* va à l'encontre des buts recherchés. Lui aussi se galvaude et devra bientôt laisser sa place à un autre terme, moins usé. Ce qui sera dommage.

Voir aussi *Animal, Aveugle, Histoire, Incolore, Nom, Préférences.*

Cyan

Ce mot apparemment barbare ne l'est pas. Il vient du grec *kuanos* qui désigne une couleur intermédiaire entre le bleu, le vert et le noir. Il a donné sa racine au mot *cyanure*, poison particulièrement toxique. Comme terme d'imprimerie, *cyan* désigne un colorant utilisé en trichromie et en quadrichromie. Certains chimistes en font la nuance de bleu la plus proche du bleu défini comme « bleu primaire ». Comme le *magenta*, c'est une nuance assez désagréable pour l'œil.

Voir aussi *Magenta.*

Daltonisme

L'usage donne le nom de daltonisme au trouble visuel qui empêche de distinguer soit toutes les couleurs entre elles (achromatopsie) soit, plus exactement, plusieurs couleurs l'une et l'autre, notamment le rouge et le vert, ou certains rouges et certains verts (dyschromatopsie ou daltonisme proprement dit). C'est le physicien et chimiste anglais John Dalton (1766-1844), l'un des plus grands hommes de science de tous les temps, véritable créateur de la théorie atomique moderne, qui le premier a mis en évidence et a étudié ce trouble dont lui-même était atteint.

Aujourd'hui, on admet qu'il affecte de près ou de loin 2 % des hommes (mais en revanche très peu de femmes). Il est en général congénital ou héréditaire, très rarement acquis. Dans l'état actuel de nos connaissances, il viendrait d'une différenciation incomplète entre les cônes et les bâtonnets de la rétine, ou bien de leurs mauvaises connexions avec certaines fibres du nerf optique (rappelons que les cônes réagissent aux vibrations les plus longues - rouges, oranges - et les bâtonnets aux vibrations les plus courtes - verts, bleus). Ce n'est pas une maladie mais une affection qui, malgré son peu de gravité, interdit l'exercice de certaines professions, principalement celles où l'on fait un usage important de signaux colorés (aviation, chemin de fer, etc.).

L'historien et l'anthropologue sont parfois perplexes devant les études ou les expériences consacrées au daltonisme et aux autres anomalies de la vision colorée. Le premier ne peut pas ne pas constater que John Dalton découvre sa confusion du rouge et du vert au moment précis où, dans la culture occidentale, grâce aux travaux de Young, de Gœthe et de quelques autres, et grâce à l'adoption des notions de couleurs primaires et de couleurs complémentaires, le vert devient un des contraires du rouge (ce qu'il n'était jamais auparavant). L'anthropologue, quant à lui, se demande ce qu'est la vision « normale » des couleurs et ce que peuvent bien être des « anomalies dans la vision colorée ». Il sait que la vision des couleurs est un phénomène perceptif, donc culturel, qu'il varie dans le temps et dans l'espace, qu'il n'est pas identique dans toutes les sociétés et civilisations. Il sait aussi qu'il est très difficile de cerner les couleurs sans passer par le langage, que le nom de la couleur fait partie intégrante de la couleur et, surtout, que nous n'avons guère de moyen de savoir si, quand et comment il y a adéquation, pour un ou pour plusieurs individus, entre la couleur perçue et la couleur nommée. Il s'interroge donc sur la validité des tests et des appareils colorimétriques qui se proposent de déceler ces prétendues anomalies. Parler de différences et non pas d'anomalies suffirait largement.

Quant au sociologue il observe que le daltonisme est un trouble à la mode dans certains milieux, à certains moments. Dans les années cinquante et soixante, chez les peintres avant-gardistes, il était du plus grand « chic » de se dire daltonien. Plus tard, ce furent les adolescents qui, rêvant de marginalité en tous domaines, revendiquèrent cette affection. Peut-être le nom des frères Dalton, bandits célèbres et savoureux de la bande dessinée *Lucky Luke,* donnait-il pour eux au daltonisme la noblesse des exclus et des réprouvés ? Aujourd'hui, ces modes se sont usées : être daltonien n'est plus une performance, et proclamer qu'on l'est ne suscite plus guère d'admiration ni d'interrogation.

Voir aussi *Animal, Aveugle, Code de la route, Nom.*

Délavé

Pendant des siècles, les couleurs qui ne pénétraient pas profondément dans les fibres du tissu, qui ne résistaient pas aux lavages fréquents ni aux rayons du soleil, qui donnaient aux étoffes et aux vêtements un aspect délavé, fade, terne, « pisseux », ont été tenues en peu d'estime. Elles étaient signe de pauvreté, réservées aux vêtements de travail, voire aux tenues d'infamie (notamment dans l'iconographie). Le fin du fin était alors la couleur dense, saturée, stable, solide, résistant aussi bien à l'eau et à l'air qu'à la lumière. En un mot, la couleur « grand teint », celle qu'ont vantée pendant des décennies, à la fin du XIXe siècle et au début du XXe, les fabricants de textiles et de vêtements, et que se sont efforcés de ne pas altérer (en vain au début) les créateurs de lessives et les constructeurs de machines à laver.

Aujourd'hui le « grand teint » n'est plus une valeur. Toutes les couleurs posées sur les matières textiles les plus diverses sont « garanties grand teint ». Le délavé et le pisseux sont donc devenus des raretés et, partant, des particularités recherchées. Comme souvent, le balancier est reparti dans l'autre sens et l'échelle des valeurs s'est inversée. On vend donc à présent des chemises, des tee-shirts, des pantalons, des sous-vêtements, des tenues de plage et de sport ayant un aspect délavé (parfois délavé et froissé). Et on les vend plus cher que les vêtements aux teintes solides et uniformes. Le plus extraordinaire (et le plus absurde aussi) est que tous ces tons délavés, semblant se décliner autour de couleurs instables, sont désormais d'une étonnante solidité et n'évoluent plus ni au lavage ni au soleil une fois qu'ils sont posés sur le tissu. Ils sont « grand teint ».

C'est dans la gamme des bleus que ces pratiques sont devenues les plus courantes, les *blue jeans* ayant les premiers lancé de telles modes et articulé les nuanciers les plus débridés. Au point que dans des domaines qui n'ont rien à voir ni avec le vêtement ni avec le tissu, on dit aujourd'hui, en français courant, *jean* et même *stoned jean* ou *bleached jean* pour désigner certaines nuances de bleu. Il doit y avoir à Toulouse (ancienne ville du pastel), à Marseille (ancienne ville de l'indigo) de nombreux teinturiers qui se retournent dans leur tombe.

Voir aussi *Bleu, Incolore, Blue jean, Protestantisme.*

Demain

Peut-on faire de la prospective dans le domaine des couleurs et prédire les mutations, les innovations ou les disparitions qui affecteront ce domaine dans le quart de siècle ou le demi-siècle à venir ? Rien n'est moins sûr. Certes, il est possible d'imaginer que de nouvelles technologies, de nouveaux matériaux et de nouveaux supports d'images vont entraîner quelques changements en matière de perception et de pratique de la couleur. Dans le domaine du vêtement, par exemple, de nouvelles étoffes, présentant des textures qui étaient jusqu'ici inconnues, vont probablement faire « parler » les couleurs textiles d'une manière un peu différente. Dans le domaine de la photographie, du cinéma et de la télévision, le passage progressif du chimique ou du magnétique vers le numérique va probablement conduire à travailler différemment les couleurs et changer quelque peu les modes de perception et de sensibilité. De même, dans le domaine de la vie quotidienne, de nouvelles catégories de lumière, de nouvelle façon d'éclairer ou de s'éclairer vont modifier la mise en scène des couleurs et par là même leur rôle à l'intérieur des maisons, des immeubles, des bureaux et des moyens de transport. Mais toutes ces mutations permettent-elles de dire quelles seront les couleurs de demain ? Absolument pas. Et ce pour deux raisons.

Quelques soient les découvertes ou les manipulations de la science et de la technologie, la couleur reste toujours et partout un fait de société, une pratique culturelle, un système de valeurs symboliques. C'est d'abord la société qui « fait » la couleur, et non pas l'œil, le cerveau, la nature, la lumière ou le pigment. Les pratiques sociales et les valeurs culturelles ne sont pas immobiles, loin s'en faut, mais, contrairement à ce que l'on affirme parfois, elles évoluent lentement, bien plus lentement que les progrès techniques ou les découvertes scientifiques. C'est pourquoi il est aujourd'hui impossible de dire quelles seront les « couleurs de demain ». Dans vingt ou trente ans, il est probable qu'elles ne seront pas différentes de ce qu'elles sont aujourd'hui. Tout au plus peut-on penser que dans les sociétés occidentales, une attention plus grande sera portée à deux couleurs occupant aujourd'hui peu de place dans la vie quotidienne : le vert et, surtout, le jaune. Quant à se projeter plus avant dans le temps, dans un siècle ou deux par exemple, c'est un exercice à la fois impossible et de peu d'intérêt.

La seconde raison vient de ce que, pour l'historien comme pour le sociologue et l'anthropologue, les couleurs ne sont ni des matières, ni des lumières, ni des ondes, ni des vibrations. Ce sont des catégories, qui se définissent différemment selon les cultures. En Occident, elles sont au nombre de six : le blanc, le rouge, le noir, le vert, le jaune et le bleu. Il n'y a absolument aucun motif de penser qu'une quelconque mutation puisse modifier ces six couleurs de base dans les décennies à venir. Il en va de même, du reste, pour les cinq couleurs suivantes, celles du « second rang », qui jouent un rôle social et symbolique moindre : le gris, le brun, le rose, le violet et l'orangé. Non, si mutations il y a, celles-ci affecteront seulement les nuances déclinant chacune de ces onze couleurs ou prenant place entre elles à l'intérieur des différents classements possible de la couleur. De nouveaux matériaux, de nouveaux pigments, de nouvelles lumières pourront modifier les nuances de couleurs, en valoriser certaines, en discréditer d'autres, parfois en créer de nouvelles, en dédoubler plusieurs, voire en faire disparaître quelques unes. Mais sur les six couleurs de base, qui sont des catégories abstraites, intellectuelles, idéologiques, ces nouveaux matériaux, pigments ou lumières n'auront aucune prise.

Voir aussi : *Préférences, Vêtement.*

Design

L'histoire des rapports entre le Design et la couleur reste à écrire. A cela différentes raisons, dont la principale réside, comme toujours, dans le peu d'intérêt que les historiens ont manifesté jusqu'à une date récente pour la couleur en général, et pour sa place dans la vie quotidienne et matérielle en particulier. La tyrannie longtemps exercée par le noir et blanc dans la documentation et dans les publications explique du reste en partie ce désintérêt. Cependant, il existe aussi des raisons plus étroitement liées à l'essence même du Design, qui a toujours plus été une stratégie de la forme qu'une stratégie de la couleur. A y regarder de près, on s'aperçoit même combien le Design, envisagé dans la longue durée, a été peu inventif dans le domaine de la couleur.

Le Bauhaus lui-même - contrairement à une idée reçue imposée par les historiens de l'art - et tous ses épigones ont parfois montré sur ce terrain des limites étonnantes : méconnaissance des enjeux éthiques et des phénomènes de mode, qui en Occident conditionnent toutes les pratiques sociales de la couleur ; recours à une symbolique rudimentaire et à une esthétique paresseuse, aspirant candidement à « mettre en harmonie » la couleur et la fonction des objets ; croyance plus ou moins naïve en une vérité scientifique des couleurs et à des lois optiques et chimiques permettant de les maîtriser ; et enfin et surtout, refus d'admettre que la couleur est un phénomène essentiellement culturel, rebelle à toute généralisation, sinon à toute analyse ou à tout discours.

1. Ce qui frappe lorsque l'on regarde les objets domestiques produits en grande série à la fin du XIXe siècle et au début du XXe, c'est la pauvreté et l'uniformité de leur palette. Presque toutes les couleurs s'inscrivent sur un axe noir-gris-blanc-brun. Les couleurs vives et chaudes sont rares, et plus rares encore les associations de couleurs fortement contrastées. La première idée qui vient à l'esprit pour tenter de comprendre cette pénurie chromatique est de chercher du côté de la chimie industrielle des colorants : celle-ci n'est-elle pas alors trop peu performante pour produire en très grand nombre des objets aux couleurs vives, franches, lumineuses, saturées, diversifiées ? En fait, rien de tel. Non seulement depuis la fin du XVIIIe siècle l'homme occidental est capable de

fabriquer de façon industrielle une nuance précise de couleur qu'il a choisie à l'avance (ce qu'auparavant il a du mal à faire), mais depuis le milieu du XIXe, il est également capable de multiplier ces nuances en très grand nombre et d'en colorer n'importe quel objet.

En vérité, le problème n'est ni chimique ni technique, il est éthique. Si les premiers appareils ménagers, les premiers stylographes, les premiers téléphones, les premières voitures, etc. sont noirs, gris, blancs ou bruns, et non pas vert pomme, rouge vif ou jaune citron, les raisons en sont avant tout morales. Pour la société industrielle du XIXe et du premier XXe siècle, les couleurs vives et franches, les couleurs chaudes, les couleurs qui attirent l'œil et captent l'attention, sont des couleurs déshonnêtes. Il ne faut les utiliser qu'avec parcimonie. Au contraire, les couleurs plus neutres, plus sobres, celles qui relèvent de la gamme des gris ou des bruns, ou bien de l'univers du noir et blanc, sont jugées dignes, vertueuses, efficaces. La morale sociale en recommande l'emploi, aussi bien pour le vêtement que pour les objets domestiques et tout ce qui a trait à la vie quotidienne.

Cette attitude qui moralise la couleur est à la fois fille des valeurs bourgeoises et - surtout - du grand capitalisme protestant. En matière de couleurs, les grands capitaines de l'industrie ont les mêmes idées que les grands réformateurs du XVIe siècle : tout honnête citoyen, comme tout bon chrétien, doit s'affranchir des couleurs agressives, immodestes, bariolées ; la polychromie est à bannir, de même que les couleurs chaudes ; en revanche, le blanc, le noir et le gris sont celles qui conviennent le mieux en toutes circonstances parce que ce sont les plus discrètes, les plus humbles. L'exemple le plus célèbre d'un tel comportement est resté celui de Henry Ford, puritain soucieux d'éthique en tous domaines : malgré les demandes réitérées du public, malgré la politique chromophile de ses concurrents, il refusa pendant la majeure partie de sa vie de vendre des voitures autres que noires.

2. Pour le Design à ses débuts, la morale sociale de la couleur est donc une forte contrainte dont il n'est guère possible de ne pas tenir compte. Pendant plusieurs décennies, elle empêche d'adapter la couleur de l'objet à sa fonction (ce qu'on cherche et réussit déjà à faire pour sa forme), entravant ainsi la mise en place d'un véritable code de fonctionnalité et limitant les ambitions esthétiques des créateurs et des fabricants. Les résistances que cette morale oppose à toute tentative pour repenser les propriétés colorées des objets sont si fortes qu'au lendemain de la Première Guerre mondiale, les modifications de palette (plus claire, plus franche, plus variée) qui percent sur le marché - et qui sont dues pour une bonne part aux révolutions artistiques du début du siècle - apparaissent souvent au yeux du grand public comme des plaisanteries ridicules, excentriques ou obscènes. De ce fait, elles restent marginales (ce qu'on oublie trop souvent de souligner), ignorée de la culture de masse.

Cette même pesanteur des dimensions éthiques et conservatrices de la couleur se retrouve alors dans bien d'autres domaines de la vie sociale et culturelle. Le cinéma en couleurs, par exemple, aurait sans doute pu être commercialisé plus tôt qu'il ne l'a été si des pressions morales n'en avaient entravé la conception puis la diffusion : des images animées *et* en couleurs destinées aux foules, c'était trop pour les moralisateurs de la société ! Ici aussi, le frein a plus été éthique que technique ou financier. Toutefois, c'est évidemment dans le vêtement, le code social par excellence, que ces résistances morales à la couleur se sont exercées le plus vigoureusement et le plus durablement. Il a vraiment fallu attendre la seconde moitié du siècle pour que la palette vestimentaire des hommes et des femmes s'éclaircisse, s'intensifie et se diversifie avec succès.

Pour le Design, comme du reste pour le vêtement, les soupapes qui ont permis de faire éclater le vieux système moral noir-gris-blanc-brun ont été trouvées du côté des teintes pastel, c'est-à-dire du côté des demi-couleurs (des couleurs « qui n'osent pas dire leur nom », suivant la belle expression de Jean Baudrillart). Plus décentes que les couleurs vives et saturées, plus séduisantes que les gris et les bruns, elles ont joué un rôle considérable - et méconnu - dans les mutations chromatiques du XXe siècle. Bien plus considérable que celui des révolutions radicales prônées par tous les mouvements artistiques et picturaux, qu'ils soient futuriste, cubiste, constructiviste, dadaïste ou surréaliste. Car ce sont bien ces pauvres et vilaines couleurs pastel - bleu ciel, jaune pâle, vert pisseux, rose, mauve, beige, etc. - qui dans le domaine de la véritable consommation de masse ont, entre 1880 et 1950, rendu possible l'éclosion, dans la seconde moitié du siècle, de nos « vraies » couleurs, denses, lumineuses, contrastées, joyeuses, toniques, agressives parfois. Quel historien, quel sociologue, quel artiste osera un jour leur rendre justice ?

3. La foi en la Science et la quête positiviste d'une vérité chromatique sont également des attitudes pouvant expliquer la façon naïve et fort peu anthropologique dont le Design a souvent pensé les problèmes de la couleur. Cherchant à mettre en adéquation la forme, la couleur et la fonction des objets, il a, jusqu'à une date récente, cru en une réalité naturelle et physiologique de la couleur. Comme s'il y avait vraiment des couleurs pures et des couleurs impures, des couleurs chaudes et des couleurs froides, des couleurs proches et des couleurs lointaines, des couleurs dynamiques et des couleurs statiques, des couleurs excitantes et des couleurs apaisantes. Oublieux du caractère étroitement culturel de la perception et du caractère totalement conventionnel de la symbolique des couleurs, le Design a plusieurs fois tenté de construire,

autour d'une prétendue « vérité ontologique » de la couleur, des codes universels. Non seulement ces codes - et les explications qui les accompagnent - font aujourd'hui sourire les historiens et les anthropologues, mais surtout ils ont toujours rebuté les consommateurs, allant ainsi à l'encontre des buts recherchés : mettre en harmonie la satisfaction pratique et la satisfaction esthétique. Tout ce qui a rapport à l'eau ne peut pas toujours être bleu ; tout ce qui a rapport au feu, rouge ; à la nature, vert ; au soleil, jaune. Toutes les chambres d'hôpital ne peuvent être blanches ; toutes les voitures rapides ne peuvent être rouges ; tous les jouets d'enfants, jaunes ou orangés ; etc.

De même, un crédit trop grand accordé à la théorie scientifique (faut-il dire pseudo-scientifique ?) des couleurs primaires (jaune, bleu, rouge, ces deux dernières monstrueusement exprimées désormais par les termes et les nuances de *cyan* et de *magenta*) et des couleurs complémentaires (vert, violet, orange) a limité, pour ne pas dire fourvoyé, les ambitions chromatiques du Design industriel. Cette théorie, mise en avant par les peintres et les hommes de science à partir du XVIIIe siècle et relayée par les artistes des XIXe et XXe siècles, ne s'appuie, il faut le souligner, sur aucune réalité sociale ni culturelle de la couleur. Elle est de plus contraire à toutes les pratiques de la couleur antérieures à l'époque contemporaine. Ce faisant, elle ne peut qu'entrer en conflit avec des croyances et des systèmes de valeurs profondément ancrés depuis plusieurs siècles dans la sensibilité occidentale, et donc être mal reçue, sinon mal vécue, par le public.

Typique est à cet égard le cas du vert. La science puis l'art contemporains (pensons par exemple à Mondrian) lui ont refusé le statut de couleur primaire, c'est-à-dire de couleur de base ; ils l'ont ravalé au rang de couleur complémentaire, de couleur de la seconde génération en quelque sorte puisque le vert est par eux uniquement présenté comme le produit du mélange du jaune et du bleu (ce qu'il n'était ni pour les hommes de l'Antiquité ni pour ceux du Moyen Age). Or ce statut dévalorisé du vert, auquel s'est rallié de bonne heure et complètement le Design - au point d'en faire une couleur de second plan - est contraire à toutes les traditions et tous les usages anciens. En Occident, pour les savoirs, les mentalités et les sensibilités traditionnelles, il y a depuis l'époque féodale, non pas trois couleurs de base mais quatre : le rouge, le bleu, le jaune et le vert. A ces quatre couleurs il faut du reste ajouter le noir et le blanc qui pendant des siècles, voire des millénaires, ont fait partie intégrante de l'ordre des couleurs, ont même constitué les pôles essentiels de tous les systèmes de la couleur.

Esclave du spectre et de la classification spectrale des couleurs, la création industrielle s'est souvent trompée en refusant au noir et au blanc le statut de couleur à part entière, voire en opposant systématiquement le monde de la couleur et celui du noir et blanc. En procédant ainsi, elle est allée à l'encontre des taxinomies plus anciennes que le spectre et ayant une dimension anthropologique beaucoup plus profonde. Ici encore, la sensibilité du public s'en est trouvée froissée, heurtée, déroutée même.

4. Un troisième facteur ayant limité les ambitions et les réussites du Design industriel en matière de couleurs est constitué par les phénomènes de mode. Ceux-ci ont pleinement montré combien sur le terrain de la couleur il était difficile d'imposer des goûts et des choix et, surtout combien ces derniers étaient éphémères, subtils, insaisissables, pas vraiment individuels, mais pas vraiment collectifs non plus, ne relevant de ce fait ni d'une approche psychologique ni d'une simple analyse sociologique.

Pour le *designer*, producteur et encodeur de couleurs, les paramètres les plus difficiles à maîtriser sont ceux d'écart et d'usure. Une couleur ou une association de couleurs, en effet, n'est attractive et valorisante que parce qu'elle fait écart avec d'autres couleurs ou d'autres associations de couleurs, avec des habitudes, avec des pratiques, avec ce qui est disponible, fréquent, abondant, et non pas, comme le voudrait le Design, parce qu'elle est en harmonie avec la forme et la fonction de l'objet qu'elle colore. Produire en grand nombre cette couleur ou association de couleurs - ce qui est la finalité même de la création industrielle - c'est évidemment la condamner à n'avoir guère de succès, ou un succès très éphémère. Dans le domaine de la mode, les mouvements de balancier sont rapides et capricieux, et peut-être encore plus pour la couleur que pour tout autre élément. Quand toutes les voitures étaient noires, le grand chic était d'avoir une voiture rouge, bleue ou verte ; et quand toutes les voitures sont devenues de couleurs vives, le fin du fin a été de posséder une voiture noire. Les recherches des *designers* et les lois de la production de masse n'ont pour ainsi dire jamais pu se sortir de ce piège, d'autant plus redoutable et tortueux qu'en un même lieu, à une même époque, chaque milieu social, chaque classe d'âge, chaque groupe ou sous-groupe social ou professionnel possède ses propres valeurs, difficiles à comprendre de l'extérieur, impossibles à canaliser, encore moins à fixer, et prêtes à s'inverser, se détruire ou se métamorphoser au moindre chatouillement.

C'est pourquoi l'historien est fondé à dire que presque toutes les tentatives du Design pour maîtriser, dans le domaine de la couleur, ces phénomènes de mode se sont soldées par des échecs ou des demi-échecs. Les vraies réussites n'ont été possibles qu'en pervertissant les finalités et l'éthique de la création industrielle ; en l'occurrence en renonçant à la production de masse et au prix de vente peu élevé - deux contraintes fondamentales du véritable Design - et en proposant sur le marché des objets domestiques conçus dès le départ comme des signes de classe. Pris dans le tourbillon des cycles de la mode, des lois de l'économie et des aléas du snobisme, le Design, comme du reste toute autre forme de création contemporaine, n'est jamais sorti grandi d'une telle attitude. « La laideur se vend mal » (Raymond Loewy), certes, mais faire du beau pour faire de l'argent n'est-ce pas une laideur d'un autre genre ?

Malgré ce tableau un peu sombre - et nécessairement simpliste - de l'histoire des relations entre le Design et la couleur, de la fin du XIXe siècle jusqu'aux années 1980, il est patent qu'il y a eu aussi un certain nombre d'authentiques succès. Les stylistes formés par le Bauhaus, par exemple, une fois installés aux Etats-Unis à partir des années 1930, ont indéniablement lancé sur le marché de la grande consommation des produits de couleurs simples, séduisantes et « fonctionnelles » (qui saura un jour définir ce terme ?), ayant rencontré l'adhésion du public.

Toutefois, l'un des grands mérites du Design et de la création industrielle à mes yeux n'est pas là. Il est d'avoir su proclamer la fonction sociale première de la couleur : classer. Quels que soient les usages que l'on en fait, quels que soient les codes auxquels on a recours, la couleur c'est d'abord ce qui sert à classer, à ranger, à étiqueter, à mettre en ordre, à opposer, à associer, à hiérarchiser. Cette fonction taxinomique de la couleur concerne aussi bien les hommes que les idées, les lieux que les objets, les textes que les images. Elle est en Occident de tous les temps et de toutes les cultures. Par là même, elle souligne la vanité de toute approche étroitement scientifique ou purement artistique de la couleur. Celle-ci ne se définit, ne se comprend, ne s'étudie que par rapport à ce qu'en fait l'homme vivant en société. L'histoire des couleurs ne peut être qu'une histoire sociale.

Drapeau

1. Bien que je les aie souvent rencontrés dans mes recherches sur l'histoire des couleurs et des emblèmes, je n'aime guère les drapeaux. Je les ai quelquefois affrontés, plus souvent contournés. En fait, je n'ai pas encore pu me décider à leur consacrer une véritable étude, alors qu'ils constituent un pôle essentiel des systèmes emblématiques de notre temps et un terrain sur lequel l'historien des couleurs aspirant à la longue durée et à la pluridisciplinarité - de la sémiologie à l'anthropologie - ne peut pas ne pas s'aventurer. Mais il y a dans les drapeaux quelque chose de plus ou moins inquiétant qui tout à la fois me gêne et me fait peur. Est-ce parce que beaucoup d'entre eux sont nés dans le sang ? Est-ce parce que les rituels, militaires ou nationalistes, auxquels ils donnent lieu me semblent dangereux ? Est-ce - plus bassement - parce que, sur les étoffes synthétiques d'aujourd'hui, leurs couleurs trop vives et leurs tons non rompus agressent l'œil par une certaine vulgarité ?

Certes, en cette matière, mon opinion importe peu. Cependant cette méfiance ou cette aversion pour les drapeaux est partagée par bon nombre de chercheurs. En effet, à la différence d'autres symboles nationaux et d'autres emblèmes d'État (je reviendrai plus loin sur cette articulation), le drapeau attend encore ses historiens et ses ethnologues. Sur le plan scientifique, il représente un objet dont l'étude, soigneusement évitée, sinon réprouvée, passe pour impossible. Le drapeau fait peur au chercheur. Il fait peur parce que sa pratique est encore si fortement et si excessivement ancrée dans le monde contemporain qu'il est presque impossible de prendre le recul nécessaire pour tenter d'en analyser le fonctionnement. Il fait peur, surtout, parce que, comme naguère, l'attachement que certains lui portent peut encore donner lieu à toutes les appropriations partisanes, à tous les usages détournés, à toutes les passions, à toutes les dérives. De multiples faits politiques, idéologiques et sociaux sont quotidiennement là pour nous le rappeler. Mieux vaux donc parler du drapeau le moins possible.

De fait, en Europe occidentale, au sein des sciences humaines, on en parle peu. Je ne suis du reste pas certain qu'il faille uniquement le déplorer. Historiographiquement, il existe en effet un lien patent entre les régimes et les époques totalitaires et les travaux des érudits et des théoriciens portant sur la symbolique de l'État ou de l'identité nationale. Le désintérêt montré pour ces questions par les démocraties occidentales depuis la dernière guerre, voire plus en amont encore, ne me paraît donc pas complètement regrettable. Inversement, et pour les même raisons, je ne suis pas sûr qu'il faille se réjouir du net regain d'intérêt manifesté par les chercheurs européens pour ces problèmes depuis quelques années. Cela n'est ni neutre, ni innocent, ni accidentel. La recherche est toujours fille de son temps.

Quoi qu'il en soit, les drapeaux n'ont pas encore « bénéficié » d'un tel regain d'intérêt, et cette situation explique pourquoi leur étude, la vexillologie, est une discipline qui n'a nulle part encore de statut scientifique. Partout elle semble abandonnée aux amateurs de militaria et aux collectionneurs d'insignes. Ces derniers leur consacrent certes un certain nombre de monographies, de périodiques et de répertoires, mais ces publications ne sont le plus souvent guère utilisables par les chercheurs : informations lacunaires et contradictoires, manque de rigueur, érudition souvent naïve, absence surtout d'une véritable problématique qui envisagerait le drapeau comme un fait de société à part entière. La vexillologie n'est pas encore une science. En outre, elle n'a pas su ou pas voulu profiter des mutations récentes de la plupart des sciences sociales et linguistiques - ainsi l'apport de la sémiologie lui est presque totalement inconnu, ce qui paraît effarant pour une discipline qui a pour objet premier l'étude d'un système de signes - et, de ce fait, elle a été incapable de renouveler ses enquêtes et ses méthodes, comme a su le faire l'héraldique par exemple. Au reste, à l'heure actuelle, il n'existe pratiquement aucun « pont » entre les deux disciplines, les héraldistes ayant tendance - ce en quoi ils ont probablement tort - à mépriser cette discipline sœur (future rivale ?) et contribuant par là même à la laisser dans son état de latence.

Le drapeau pourrait cependant constituer un riche document d'histoire anthropologique. A la fois image emblématique et objet symbolique, il est soumis à des règles d'encodage contraignantes et à des rituels spécifiques qui, aujourd'hui, se situent au cœur de la liturgie de la Nation et de l'État. Mais il n'est pas de toutes les époques ni de toutes les cultures. Même en se limitant à la culture occidentale, prise dans sa très longue durée, un faisceau de questions se posent qui n'ont pas encore donné lieu à des enquêtes véritables. Depuis quand, par exemple, l'homme s'emblématise-t-il prioritairement par la couleur et par la géométrie ? Depuis quand, pour ce faire, installe-t-il des morceaux de tissus au sommet d'une hampe ? Où, quand et comment ces pratiques, au début plus ou moins empiriques et circonstancielles, se sont-elles transformées en codes à part entière ? Quelles formes, quelles figures, quelles couleurs, quelles combinatoires ont été sollicitées pour organiser ces codes et pour en assurer un solide contrôle ? Et surtout, quand et comment est-on passé d'étoffes véritables, flottant au vent et faites pour être vues de loin, vers des images non textiles, exprimant le même message emblématique ou idéologique mais prenant place sur des supports de toutes natures, dont certains sont même monochromes et d'autres conçus pour être vus de près ? Quelles mutations - matérielles, sémiologiques, sémantiques, idéologiques, sociales, etc. - a impliquées ce passage du drapeau en tant qu'objet physique vers le drapeau en tant qu'image conceptuelle ? Puis, par rapport au sujet qui nous occupe plus directement ici, depuis quand, dans une entité politique donnée, l'une de ces étoffes puis l'une de ces images a-t-elle été choisie pour symboliser le pouvoir, d'abord différents pouvoirs, ensuite, spécifiquement, le pouvoir de l'État et/ou de la Nation ? Quelles couleurs ou combinaisons de couleurs a-t-on choisies pour ce faire ? Qu'a-t-on voulu signifier ? Au reste, qui choisit, dans quel contexte, pourquoi, comment ? Et ce choix fait, quelle en est sa durée, sa diffusion, son évolution ? Tout drapeau a une histoire et cette histoire est rarement une histoire immobile. Enfin, qui regarde un drapeau ? Qui connaît ou reconnaît celui de son pays, ceux des pays voisins, ceux des pays lointains ? Qui sait les décrire, les représenter, passer de l'objet à l'image, de l'image au symbole ? Autant de questions, parmi beaucoup d'autres, qui, non seulement attendent encore leurs réponses, mais qui ont même été rarement posées, pour ne pas dire jamais.

2. L'occidentalisation des images représentant ou constituant les drapeaux est un phénomène qui n'est ni anecdotique ni épisodique. Bien au contraire, il s'inscrit dans un processus de longue durée et de grande ampleur. Au fil des siècles, l'Occident a progressivement et profondément réussi à imposer au reste du monde ses valeurs et ses codes. Cela s'est fait de différentes manières, la plus récurrente étant la mise en forme puis la diffusion de répertoires vexillaires jouant dans la diplomatie et le commerce un rôle officiel et international. Prenons l'exemple des pays musulmans. Du XVIe au début du XXe siècle, tout au long de la domination ottomane, on peut observer que la plupart des cités, terres et pays d'Islam, à l'image de ce que faisaient les autorités turques elles-mêmes, ont constamment procédé à une « auto-correction » de leurs propres drapeaux selon les modèles fortement occidentalisés que leur en renvoyaient les

Européens. Le phénomène s'est même continué jusqu'à l'époque la plus contemporaine dans tous les états islamiques ayant accédé à l'indépendance : tous ont adopté une panoplie emblématique et des drapeaux construits sur les modèles ayant cours en Europe. Et ce qui est vrai de l'Islam l'est aussi des autres cultures. Toujours et partout, l'acculturation a été à sens unique (s'agit-il alors encore d'acculturation ?), l'Europe imposant peu à peu à l'Afrique, à l'Asie, puis au monde dans son ensemble, ses propres valeurs, ses propres formules et ses propres codes.

Cela s'est d'abord fait par le biais de la guerre, de la mer et du commerce ; puis par celui de la diplomatie. Cela a continué par le relais des publications et documents imprimés reproduisant des drapeaux et des pavillons : guides, cartes, encyclopédies, dictionnaires, travaux d'érudition, tous ont répandu puis officialisé le modèle occidental. Enfin cela continue aujourd'hui de se faire par le biais des grandes organisations internationales - pensons par exemple au caractère totalement occidental du protocole, à l'O.N.U. et ailleurs -, par le jeu des grandes compétitions sportives et par la médiatisation universelle qui les accompagne. Jeux olympiques, championnat du monde de sports d'équipes, coupe du monde de football sont devenus d'extraordinaires promoteurs de l'emblématique occidentale sous toutes ses formes, au détriment d'autres systèmes d'emblèmes utilisés depuis des siècles par d'autres cultures. Tout a été balayé par les formules de l'Occident. Même le Japon, qui en 1964 a organisé les Jeux olympiques de Tokyo, a renoncé en ce domaine à ses propres et ancestrales images emblématiques pour adopter des maillots, des couleurs, des fanions et des insignes « à l'occidentale ». Puis, les ayant adoptés, il a commencé à les commercialiser et, ce faisant, a contribué à en étendre l'usage sur la planète entière. L'économique, l'idéologique et le culturel sont ici, comme partout, totalement indissociables. Les sociétés multinationales japonaises ont achevé récemment par la guerre économique ce que la guerre religieuse et maritime avait commencé en Méditerranée à l'époque des croisades !

A l'historien de tels phénomènes posent une foule d'interrogations : quelle est la zone d'extension et la période de fonctionnement d'une formule emblématique donnée ? Quels sont les pays, les états, les cultures, les régimes qui sont exportateurs de systèmes d'emblèmes et ceux qui sont consommateurs ? Où se situent les pôles, les carrefours, les « terrains vagues » de l'emblématique ? Pour l'époque médiévale, par exemple, au sein de la Chrétienté, Byzance est exportatrice d'emblèmes jusqu'au début du XIIIe siècle et c'est le Saint-Empire qui lui sert de redistributeur vers l'Occident. Par la suite, la France puis l'État bourguignon se substituent à Byzance. Au sud, la Sicile représente au plus haut degré une zone carrefour, véritable laboratoire emblématique au cœur de la Méditerranée, où s'interpénètrent les systèmes byzantin, normand et musulman. A l'époque moderne, du XVIe au XVIIIe siècle, c'est surtout l'Espagne qui, forte de l'héritage bourguignon, assure en Europe et au Nouveau Monde le leadership emblématique. Puis, à partir du XIXe siècle, les Anglo-Saxons prennent le relais et achèvent l'extension universelle des codes occidentaux. A l'anthropologue les faits d'acculturation vexillaire posent pleinement le problème de la couleur. Celle-ci est un phénomène culturel, étroitement culturel : les paramètres qui servent à la définir varient d'une culture à l'autre, voire d'une époque à l'autre. Même en Occident, nos paramètres actuels (coloration, luminosité, saturation) ne se sont mis en place que lentement. Ailleurs, d'autres articulations (sec/humide, tendre/dur, mat/brillant, chaud/froid, etc.) peuvent être sollicitées pour définir et cerner la couleur, et certaines de ces articulations ont parfois priorité sur les strictes questions de colorations (ainsi dans certaines cultures africaines, où le paramètre couleur sèche/couleur humide prend le pas sur tous les autres). En outre, la perception des couleurs, parce qu'elle met en jeu la mémoire et l'imagination, est elle aussi un phénomène étroitement culturel. Enfin, la chimie des teintures, les connaissances et les disponibilités pigmentaires, les techniques de fabrication varient dans le temps et dans l'espace et accentuent encore ces différences. Dès lors comment se pose le problème des drapeaux ? Quelles influences ces différences exercent-elles sur leur élaboration, sur leur utilisation, sur leur réception ? A-t-on par exemple la même perception ou la même conception d'un étendard rouge au XIIe siècle en terre d'Islam, à Byzance et dans le Saint-Empire ? Non, évidemment. Le rouge musulman n'est pas le rouge byzantin et le rouge byzantin n'est pas le rouge germano-impérial. Et pourtant ces trois rouges se ressemblent et sont parfois vus simultanément. De même, de nos jours, le vert du drapeau italien n'a emblématiquement ni symboliquement aucun rapport avec le vert des pays de la Ligue arabe ni avec celui des états d'Afrique occidentale, anciennes colonies françaises (Sénégal, Mali, Guinée, etc.). Cependant la coloration de ces trois verts est aujourd'hui la même sur les documents officiels, nationaux et internationaux. Comment cela est-il reçu, vécu, pensé et repensé par les uns et par les autres ? L'anthropologie historique n'a sans doute pas encore les moyens de répondre à toutes ces questions mais elles méritent d'être soulevées.

3. Comme tout signe, tout emblème, toute couleur, un drapeau ne vient jamais seul. Envisagé isolement il n'a guère de signification ; au contraire, il ne prend pleinement son sens que pour autant qu'il est associé ou opposé à un autre drapeau. En fait, il n'y a jamais de drapeau isolé, mais un système international d'images emblématiques qui pose à l'historien des problèmes d'ordre sémio-

logique. Tout drapeau répond toujours à un autre drapeau. En outre, et pour les mêmes raisons, il n'y a pas de pays sans drapeau : même si un pays refuse d'en adopter un, les autres pays se chargent de lui en attribuer d'office ou de considérer que l'absence de drapeau équivaut à un drapeau. Sémiologiquement, l'absence d'emblème est un emblème.

Ces relations d'association, d'opposition ou de positionnement entre les différents drapeaux s'expriment toutefois par des choix qui eux sont de l'ordre du culturel et de l'historique et non plus seulement du structural. Ils nécessitent une analyse qui se situe dans l'espace et dans le temps, car l'emblématique ne se réduit jamais à un pur système sémiologique, dégagé de toute épaisseur historique et anthropologique. Cela semble particulièrement vrai pour ce qui concerne la naissance des drapeaux.

Prenons un premier exemple qui nous conduit encore et toujours sur les bords de la Méditerrannée : celui du drapeau grec moderne. Ce drapeau émerge au début des soulèvements nationalistes anti-ottomans des années 1821-1823 ; il traverse la Révolution et est officiellement adopté en 1833, une fois conquise l'indépendance. D'abord formé d'une croix blanche posée sur un fond bleu (*d'azur à la croix d'argent*), il se transforme par la suite deux fois, pour aboutir à la composition que nous connaissons aujourd'hui : quatre fasces et une croix blanches sur un champ bleu. Les couleurs n'ont donc jamais changé depuis le début de la Révolution. Pourquoi ces couleurs ? En Grèce, de nos jours, n'importe qui dans la rue expliquera que le bleu évoque la mer ou le ciel, et le blanc, la couleur des maisons, celle de la lumière, ou bien celle du Christ. Ce sont évidemment là des interprétations peu historiques, forgées a posteriori, mais qui en elles-mêmes constituent des documents d'histoire culturelle que l'on ne doit pas négliger. Tout drapeau se prête à discours et surlectures et porte en lui sa future mythologie.

A l'opposé, une explication plus érudite, plus positiviste aussi, démontrerait simplement que ce bleu et ce blanc sont les couleurs héraldiques traditionnelles de la maison de Bavière (depuis le milieu du XIIIe siècle), et que le premier souverain de la Grèce moderne et indépendante, Otto Ier (1832-1862), était le fils cadet du roi de Bavière. Les couleurs héraldiques de la dynastie régnante seraient ainsi très normalement devenues celles du drapeau national, selon un processus que l'on rencontre dans maints pays d'Europe : passage du familial au dynastique, du dynastique au monarchique, du monarchique à l'étatique et de l'étatique au national. Dans le cas de la Grèce et de la maison de Bavière, il demeure toutefois une difficulté : ce bleu et ce blanc ont été adoptés comme couleurs emblématiques par les insurgés grecs plusieurs années avant qu'on ne songe à Otto de Bavière pour monter sur le trône du futur royaume. Il faut donc chercher ailleurs l'origine de ces couleurs, que le premier souverain de la Grèce moderne n'a sans doute fait que confirmer parce qu'elles correspondaient aux siennes propres. Pour ma part, j'expliquerais volontiers la composition du premier drapeau grec par une stratégie d'opposition au drapeau ottoman (un croissant et une petite étoile blancs posés sur un champ rouge). La croix chrétienne répond au croissant musulman, et la couleur bleue, souvent dévalorisée par l'Islam moderne, s'oppose à la couleur rouge. Le drapeau de la minorité se positionne ainsi par rapport à celui du pouvoir oppresseur : isolément il perd de sa signification ; mais comparé à l'autre, il fonctionne comme un contraire, devient un symbole dynamique et proclame ouvertement la rébellion.

Cette « valeur de positionnement » est à la fois structurale (croix/croissant, bleu/rouge) et culturelle, la croix et la couleur bleue ne pouvant être adoptées que par une minorité chrétienne. Pour les minorités musulmanes, ce sont là des emblèmes qu'il est évidemment impossible de choisir : la croix est tabouée par tous les musulmans, et l'opposition bleu/rouge ne signifie à peu près rien dans la culture ou la sensibilité musulmanes. Pour s'opposer au drapeau turc, ces minorités de l'Islam, lorsqu'elles se sont révoltées contre le pouvoir central (en Afrique du Nord par exemple) ont donc adopté d'autres figures (soleil, coupe, sabre) et d'autres couleurs (le vert, le noir). Ici encore, il s'agit d'une stratégie d'opposition, mais qui s'est exprimée et a été sémantisée par des systèmes de valeurs culturellement différents.

Prenons un autre exemple, non méditerranéen mais appartenant lui aussi à l'Europe méridionale, le Portugal. Jusqu'en 1910, les armoiries et le drapeau s'articulent, ici aussi, autour du bleu et du blanc, couleurs héraldiques des rois de Portugal depuis le XIIe siècle. Survient la Révolution et se pose la question du drapeau du nouveau régime républicain. Quelles couleurs choisir ? Le bleu et le blanc, qui rappelleraient par trop la monarchie déchue, sont exclus. Le jaune l'est également car il évoque de manière trop patente le puissant et redouté voisin espagnol. Restent donc le vert, le rouge et le noir. En 1911, dans des circonstances mal élucidées et pour des motifs sur lesquels on glose encore, la jeune république portugaise adopte un drapeau parti vert et rouge. C'est aujourd'hui encore celui du Portugal, et c'est un des rares drapeaux européens qui enfreignent la règle des couleurs héraldiques : le vert (*sinople*) et le rouge (*gueules*) se touchent, ce qui est strictement contraire aux principes du blason (le choix du noir, juxtaposé au vert ou au rouge n'aurait du reste rien changé quant à la transgression de ces principes). Après l'adoption de ce drapeau, par soustraction en quelque sorte puisque l'on a choisi les couleurs « qui restaient », différentes explications d'ordre historique ou symbolique ont été avancées pour justifier le choix de ces couleurs. Le vert, couleur de la Marine portugaise, soulignerait le rôle de celle-ci dans le renversement de l'Ancien Régime. (On avança même que le nouveau drapeau reprenait tel quel le pavillon parti vert et rouge du navire de guerre Adamastor, qui avait joué un rôle décisif dans le coup d'envoi de la Révolution). Ou bien le vert serait la couleur de la Liberté et le rouge proclamerait la façon dont elle a été conquise : par le sang. Banale symbolique des couleurs, sollicitée après coup et qui évidemment n'explique rien. Certains vexillologues portugais l'ont senti et, plus récemment, ont proposé de voir dans le vert et le rouge une évocation des couleurs des croix des deux anciens ordres de chevalerie portugais, celui d'Avis et celui du Christ. Nous sommes là très loin des faits.

Aujourd'hui encore nous ignorons pourquoi le drapeau du Portugal associe ainsi du vert et du rouge, transgressant par là même les règles du blason. Mais ce cas est exemplaire de la façon dont beaucoup de drapeaux modernes et contemporains se sont élaborés dans la hâte et la confusion, parfois dans la clandestinité. Une fois officialisés, une fois sacralisés par un texte constitutionnel, ils deviennent immuables (ou presque) et il est difficile de retrouver les raisons qui ont présidé à leur élaboration. Ce qui ouvre la porte à toutes les hypothèses, à toutes les réinterprétations, à toutes les réappropriations. Un drapeau n'est jamais neutre. Un drapeau n'est jamais muet.

4. Les exemples de ces difficultés pour retrouver le pourquoi des figures et des couleurs d'un drapeau abondent dans les pays d'Afrique, d'Asie ou d'Amérique du Sud ayant accédé à l'indépendance au cours des XIXe et XXe siècles. Le drapeau y a souvent émergé au cours de luttes armées contre un état occidental envahisseur ou colonisateur. A l'origine simple signe de ralliement d'un groupuscule insurrectionnel - mais donc de ce fait doté d'une charge idéologique très forte -, le drapeau devient peu à peu l'emblème officieux d'un mouvement plus

vaste, puis, une fois la victoire assurée et l'indépendance acquise, le drapeau officiel du nouvel état. Dès lors, il ne se trouve plus grand monde pour se souvenir ou pour vouloir se souvenir du contexte, des motifs et des significations qui ont présidé au choix des couleurs et des figures composant ce drapeau. La paix revenue, les traités « d'aide et d'amitié » conclus avec l'ancien oppresseur, mieux vaut oublier ou occulter certains choix ou certaines idées par trop provocantes. Un état neuf se doit d'avoir un drapeau « propre » c'est-à-dire pacifique et non plus agressif, tourné vers l'avenir et non pas vers le passé. D'où un certain nombre de réajustements et, surtout, de réinterprétations. On ne change pas le drapeau mais on réexplique les couleurs, on rejustifie les figures, on sollicite la symbolique la plus galvaudée concernant les idées de paix, de liberté, de fraternité, voire, plus banalement encore, la terre, le ciel, la mer, la forêt, etc. Et puis, au fil des décennies, on finit par y croire et par oublier les raisons et les enjeux originels de ce drapeau. La tâche de l'historien devient alors complexe.

Certes, ces processus d'oubli ou d'occultation ne concernent pas tous les drapeaux nés à l'époque contemporaine, mais ils sont représentatifs des difficultés que l'on rencontre lorsque l'on se penche sur l'emblématique politique. L'étude archéologique des signes et des symboles qui la composent se heurte, soit au silence des documents, soit, plus fréquemment, au caractère multiforme et contradictoire des témoignages. Cela vaut pour les emblèmes des partis politiques comme pour les drapeaux nationaux. Chercher à savoir depuis quand tel parti politique use de tel emblème, qui l'a choisi, dans quel contexte, pour quels motifs est un exercice presque toujours infructueux. Cela n'empêche du reste pas ces signes et ces symboles de « fonctionner ». Bien au contraire, le voile qui recouvre leurs origines et les discours mythologiques qui font semblant de retirer ce voile, leur assurent un meilleur fonctionnement. On rêve mieux quand on ne sait pas vraiment, et les signes sont plus efficaces lorsqu'ils suscitent le rêve.

Ce qui frappe souvent dans l'histoire d'un drapeau c'est sa longue durée. Pour un état, changer de drapeau est un acte symbolique très fort et par là même très rare. Le cas récent de l'ancienne Haute-Volta, devenue en 1984 Burkina-Faso et ayant complètement changé son drapeau, constitue une exception. Même les changements de régime ou d'idéologie ne s'accompagnent pas toujours d'une transformation du drapeau, ou du moins pas d'une transformation radicale. Prenons quelques exemples concernant le passage d'un régime monarchique à un régime républicain. En 1889, le Brésil républicain a non seulement conservé la couleur emblématique verte de la maison impériale de Bragance (ce vert étant réinterprété depuis comme la couleur de la forêt amazonienne), mais il a continué de lui associer le globe impérial, simplement transformé en une sphère armillaire censée rappeler les premiers navigateurs portugais. De même, en 1919, la république autrichienne n'hésita pas à reprendre pour drapeau la bannière héraldique rouge et blanche de l'archiduché d'Autriche. Mais il y a mieux encore : en 1923, la toute nouvelle république turque, dont l'instauration constituait dans tous les domaines une rupture radicale avec une situation et un régime presque millénaires, conserva le drapeau rouge à croissant et étoile blancs de l'ancien empire ottoman ; c'est aujourd'hui encore celui de la Turquie. Quant à la Pologne communiste, elle n'a éprouvé aucune gêne à conserver les couleurs héraldiques de l'ancienne monarchie polonaise : le blanc et le rouge, devenus depuis longtemps couleurs nationales imprescriptibles. Car le drapeau ne représente pas seulement l'État ; il représente aussi la Nation.

5. Tout drapeau pose en effet le problème des rapports entre l'État et la Nation. Mais il est difficile de dire quelle

est aujourd'hui celle de ces deux entités qu'il emblématise en priorité. On parle presque toujours de « drapeau national » mais ce sont en général des textes constitutionnels, émanant de l'État, qui le définissent et qui en régissent ou en contrôlent l'emploi. Le drapeau est un symbole officiel dont juridiquement il n'est pas licite de faire n'importe quoi.

Cependant l'écart est ici important entre les faits et le droit, et dans la pratique le drapeau est soumis à quantité de rituels qui n'ont rien d'officiel ni d'étatique. L'État voudrait avoir le monopole du drapeau mais cela reste une utopie, du moins dans les pays démocratiques. Car le drapeau appartient aussi et surtout à la Nation. Dans n'importe quelle compétition sportive, par exemple, tout supporter de l'équipe nationale se sent légitimement le droit d'agiter le drapeau de son pays, quitte à l'abandonner, voire à le piétiner, une fois venu le moment de la défaite. Tous les rituels - sportifs, festifs, commémoratifs, politiques, idéologiques, transgressifs - qui mettent en scène des drapeaux nationaux mériteraient d'être étudiés dans le détail. Le drapeau d'un pays ne se déploie pas seulement pour la fête nationale, ni pour les cérémonies militaires, ni pour participer à la liturgie de l'État. Une foule d'autres circonstances le sollicitent, tant à l'intérieur qu'à l'extérieur. Elles attendent encore leurs sociologues et leurs historiens.

Faute d'enquêtes approfondies, il est peut-être encore trop tôt pour tenter de cerner véritablement ce qui au cœur du drapeau unit l'État et la Nation. Mais il n'est pas trop tôt pour s'interroger sur ces problèmes. Quelle forme d'adhésion, par exemple, un Français, un Italien, un Suédois, etc., place-t-il dans son drapeau ? Est-il fier de l'arborer ? Au reste, le fait-il ? Où, quand, comment ? Et dans les pays à structure fédérale (la Suisse par exemple) manifeste-t-on la même adhésion ? Ne préfère-t-on pas le drapeau de son canton ou de sa région à celui de son pays ? En outre, partout en Occident, n'est-il pas devenu quelque peu archaïque, voire ridicule, de placer à sa fenêtre un drapeau le jour de la fête nationale ou régionale ? Mais pourquoi alors le fait-on sur un stade, notamment lorsque l'on se trouve à l'étranger ? Est-on davantage fier de son drapeau lorsque l'on est loin de chez soi ? Le drapeau est-il une nostalgie ? Ou bien le sort-on plus facilement lorsqu'il a l'occasion d'affronter un autre drapeau ? Cela semble certain lorsqu'il s'agit d'une minorité en révolte contre un pouvoir ou un pays tuteur. Les exemples contemporains en sont nombreux et souvent douloureux : drapeau corse contre drapeau français, drapeau arménien contre drapeau russe, drapeau tibétain contre drapeau chinois, drapeau basque contre drapeaux espagnol et français, drapeaux khurde et palestinien contre drapeaux de plusieurs états. Ces drapeaux de peuples n'ayant pas accédé à l'indépendance étatisée renvoient plus que beaucoup d'autres à l'idée de Nation. Mais inversement, quand en période de guerre ou de tension entre deux pays, une foule déchaînée brûle le drapeau de l'autre, est-ce la Nation ou l'État ennemi qui est ainsi visé ?

Car on brûle aussi les drapeaux, on les lapide, on les foule, on les pend et les dépend. Objet symbolique, image emblématique, allégorie personnifiée, à la fois signal et mémoire, présent, passé et futur, le drapeau subit toutes les manipulations rituelles propres aux signes trop forts, ceux qui transcendent de manière exponentielle leur message et leur fonction. Le drapeau vit et meurt, il ressuscite, il porte le deuil, il est blessé, on le recoud, on le déploie, on le salue, on l'embrasse, on s'en couvre, on s'y couche, on y meurt, puis on le plie, on le range, on le fait prisonnier, on le sanctifie, on l'oublie.

Voir aussi *Bleu blanc rouge, Drapeau rouge, Héraldique, Sport.*

Drapeau rouge

Dans la symbolique des couleurs, le rouge - comme du reste chacune des autres couleurs - peut être pris en bonne ou en mauvaise part. Le bon rouge c'est celui de la vie, de l'amour, de la joie et de la fête ; le mauvais rouge, celui de la colère, de la faute, du crime et du péché. La Bible met déjà en scène ces différents rouges qui imprègnent peu à peu toute la symbolique chrétienne. Au Moyen Age, notamment, s'opposent le rouge rédempteur de la *caritas*, c'est-à-dire du sang versé par et pour le Christ, et le rouge destructeur des crimes de sang et des flammes de l'enfer.

Sur le plan social, hors de tout enjeu religieux ou moral, le rouge sert à créer des marques et des signaux de toutes natures. Teindre en rouge a toujours été un exercice facile, et les étoffes ou les pièces de vêtements de cette couleur sont souvent utilisées, partout en Europe occidentale, du XIIIe siècle jusqu'au XVIIIe, pour attirer l'attention, mettre en valeur, signaler un danger

Ainsi en France, sous l'Ancien Régime, où le « drapeau rouge » constitue un signal préventif et un symbole d'ordre. Les autorités royales et municipales mettent en scène un grand morceau d'étoffe de cette couleur pour prévenir les populations d'un danger qui menace et, en cas de rassemblement, inviter la foule à se disperser. Puis, progressivement, dans le courant du XVIIIe siècle, ce drapeau est associé aux différentes lois contre les attroupements, parfois même à la loi martiale. C'est probablement pourquoi, dès le mois d'octobre 1789, l'Assemblée constituante décrète qu'en cas de troubles les officiers municipaux doivent signaler l'intervention de la force publique « en exposant à la principale fenêtre de la maison-de-ville et en portant dans toutes les rues et carrefours un drapeau rouge » ; lorsque celui-ci est sorti, « tous les attroupements deviennent criminels et doivent être dissipés par la force ». Trois mois après la prise de la Bastille, ce drapeau n'est donc plus seulement préventif et pacifique ; il est déjà quelque peu menaçant.

Son histoire bascule deux ans plus tard, lors de la journée révolutionnaire du 17 juillet 1791. Louis XVI, qui avait tenté de fuir vers l'étranger, vient d'être arrêté à Varennes et reconduit à Paris. Sur le Champ de Mars, près de l'autel de la patrie, une « pétition républicaine » est déposée pour demander sa destitution. De nombreux Parisiens viennent la signer. La foule est agitée, le rassemblement risque de tourner à l'émeute, l'ordre public semble menacé. Le maire de Paris, Bailly, fait donc hisser, à la hâte, un grand drapeau rouge. Mais avant que la foule n'ait eu le temps de se disperser, les gardes nationaux tirent, sans sommation et pour des raisons qui n'ont pas encore été vraiment élucidées. Il y a une cinquantaine de morts, qui deviennent aussitôt des martyrs de la Révolution. Et le drapeau rouge, « teint du sang de ces martyrs », devient un symbole révolutionnaire : dès l'été 1791, par une sorte de dérision ou d'inversion des valeurs, il incarne le peuple opprimé, révolté, prêt à se dresser contre toutes les tyrannies.

A partir de cette date, il remplit cette fonction symbolique pendant toute la Révolution, lors des émeutes populaires. Devenu totalement insurrectionnel, il fait couple avec le bonnet rouge, celui des sans-culottes et des patriotes les plus extrémistes. Peu à peu, il devient l'emblème privilégié des révolutionnaires que l'on nommera plus tard « les socialistes », et plus tard encore « l'ultragauche ».

Très discret sous le Premier Empire, le drapeau rouge réapparaît au premier plan sous la Restauration, notamment en 1818 et, surtout, en 1830 lors des « trois Glorieuses ». Sous la monarchie de Juillet, qui a préféré sagement le drapeau tricolore au drapeau blanc de la royauté, le drapeau rouge est présent sur les barricades de 1832 (dans *Les Misérables*, Victor Hugo lui consacre des pages enflammées) puis sur celles de 1848. Le 24 février de cette année, il est brandi par les insurgés parisiens qui proclament la République. Le 25, il les accompagne à l'Hôtel de Ville où s'est réuni le gouvernement provisoire. L'un des insurgés, parlant au nom de la foule, demande l'adoption officielle du drapeau rouge, « symbole de la misère du peuple et signe de rupture avec le passé ». La révolution ne doit pas être confisquée par les nobles et les bourgeois comme en 1830.

En ces moments tendus et décisifs pour l'avenir de la France, s'affrontent deux conceptions de la République : l'une rouge, jacobine, rêvant d'un ordre social nouveau ; l'autre tricolore, plus modérée, souhaitant des réformes mais nullement un bouleversement de la société. C'est alors que Lamartine, membre du gouvernement provisoire et ministre des Affaires étrangères, prononce deux discours restés célèbres et retourne l'opinion en faveur du drapeau tricolore : « le drapeau rouge est (...) un pavillon de terreur (...), qui n'a jamais fait que le tour du Champ-de-Mars, tandis que le drapeau tricolore a fait le tour du monde, avec le nom, la gloire et la liberté de la patrie (...). C'est le drapeau de la France, c'est le drapeau de nos armées victorieuses, c'est le drapeau de nos triomphes qu'il faut relever devant l'Europe ». Même s'il a plus ou moins embelli ses paroles en rédigeant ses *Mémoires*, Lamartine a ce jour-là sauvé le drapeau tricolore.

Vingt-trois ans plus tard, au printemps 1871, le drapeau rouge envahit de nouveau les rues de Paris et est hissé par la Commune insurrectionnelle au fronton de l'Hôtel de Ville. Mais Paris, rouge et insurgé, est vaincu les troupes tricolores de Versailles, de Thiers et de l'Assemblée. Le drapeau tricolore devient définitivement un drapeau d'ordre et de légitimité ; le drapeau rouge, celui du peuple vaincu, des partis socialistes et révolutionnaires puis, quelques décennies plus tard, avant et après la Première Guerre mondiale, celui des partis et des régimes communistes. Dès 1918, la Russie soviétique adopte le drapeau rouge, lequel, cinq ans plus tard, frappé d'une faucille et d'un marteau, devient celui de l'Union des Républiques Socialistes Soviétiques. En 1949, lors de l'avénement de la première république populaire chinoise, la Chine communiste fait de même et adopte un drapeau rouge orné de cinq étoiles d'or.

Voir aussi *Bleu blanc rouge, Drapeau.*

Draps

Longtemps, très longtemps, les hommes se sont couchés de bonne heure dans des draps qui n'étaient que blancs ou écrus. Pour des motifs à la fois hygiéniques et moraux. Puis, dans le courant de notre siècle, est venu, comme pour les sous-vêtements et le linge de toilette, l'usage de teintes pastel et de draps rayés (la rayure, qui « brise » une couleur donnée en l'associant au blanc, n'est en définitive qu'un ton pastel d'un type particulier). Plus récemment sont apparus des draps teints de couleurs vives, franches, saturées, parfois sombres. On se couche aujourd'hui dans des draps rouge vif (ce qui il y a un siècle aurait été un tabou intransgressible) et même dans des draps noirs. Ou du moins voit-on des draps de couleur noire proposés à la vente dans les magasins et les catalogues. Se vendent-ils vraiment ? S'en sert-on ? J'ai peine à le croire. Dormir dans des draps noirs ne favorise-t-il pas les insomnies, les cauchemars, la visite du Diable et des mauvais esprits ?

Cette nouvelle palette des draps de lit a en tout cas eu pour conséquence une modification de celle des chiffons, des torchons, des loques, des serpillières, des vêtements de poupées et de tout ce que l'on taille et retaille dans des draps usagés. Désormais, on peut voir dans les berceaux de poupées, des ours en peluche vêtus de noir dormir dans des draps bleu marine, vert sapin ou gris foncé. Pauvres ours !

Voir aussi : *Baignoire, Nuit, Papier hygiénique, Sous-vêtements, Uni.*

Eau

Qu'elle soit sale ou propre, vive ou dormante, fluviale ou maritime, qu'elle coule d'une source, d'un robinet ou d'une bouteille, l'eau véritable n'est jamais bleue. Même la Méditerranée - la « Grande Bleue » - n'est pas bleue, encore moins « bleu des mers du Sud », comme voudraient le faire croire les cartes postales et les dépliants touristiques. Et pourtant, dans notre imaginaire, dans nos systèmes de représentation, dans tous les codes occidentaux de la couleur, l'eau est toujours associée à la couleur bleue, non seulement l'eau froide des robinets de nos cuisines et de nos salles de bain, mais toutes les formes d'eaux, y compris celles, nombreuses, qui dans la réalité sont grises, brunes ou jaunes. Tous les dessins d'enfants, toutes les cartes de géographie, toutes les images qui mettent en scène la mer, les lacs, les fleuves et même la pluie, associent l'eau et le bleu.

Cela n'a pas toujours été le cas. Dans les images du Moyen Age, l'eau est rarement bleue. Elle est au contraire presque toujours verte. C'est le ciel qui est bleu, donc l'air, un des « quatre éléments ». L'eau étant elle aussi un des quatre éléments de quoi se composent toutes choses (les deux autres étant la terre et le feu), la même couleur ne peut convenir pour deux éléments différents. L'eau est donc verte, l'air bleu, la terre noire et le feu rouge.

C'est, me semble-t-il, entre le XVe et le XVIIe siècle que s'est opéré le passage du vert au bleu pour coder la couleur de l'eau. La représentation cartographique a certainement joué en ce domaine un rôle prépondérant. La mer est encore verte sur de nombreux portulans du XVIe siècle, mais elle est parfois déjà bleue sur quelques cartes du siècle précédent. La mutation s'est faite lentement, progressivement. Mais pourquoi, au moment de colorier les portulans ou de laver les cartes, a-t-on de plus en plus souvent choisi le bleu au lieu du vert traditionnel pour signaler la mer, les lacs et les rivières ? Serait-ce parce que le vert était déjà sollicité pour signaler, sur ces mêmes cartes, ou sur d'autres cartes, une autre entité : les forêts ? Un choix par soustraction en quelque sorte. Une fois de plus.

Voir aussi *Baignoire, Ordures, Voiture.*

Enfants bleus

Un « enfant bleu » est hélas ! un enfant atteint d'une maladie cardio-vasculaire congénitale, qui entraîne une mauvaise oxygénation du sang et qui donne à sa peau une forte coloration bleuâtre. C'est une maladie très grave. Mais un « enfant bleu » ce peut-être aussi un enfant placé dès sa naissance sous la protection de la Vierge et restant vêtu de bleu jusqu'à l'âge de sept ou huit ans (parfois même au delà). Au XIXe siècle, et encore fort avant dans le XXe, une telle pratique était fréquente dans les familles très catholiques vouant un culte particulier à la Vierge Marie. Des magasins spécialisés, portant la curieuse enseigne « Aux enfant bleus », vendaient les vêtements nécessaires pour habiller de tels enfants de bleu ciel, de bleu marine, de gris bleu et de blanc. Cet usage a aujourd'hui disparu, même dans les milieux catholiques les plus traditionnels.

Le bleu n'était du reste pas la seule couleur de la Vierge (sa couleur liturgique a toujours été le blanc) et elle-même, dans les images, n'a pas toujours été vêtue de bleu. Il faut même attendre les XIIe- XIIIe siècles pour que dans la peinture occidentale elle soit prioritairement associée à cette couleur. Toutefois, à partir de cette date, celle-ci prend de plus en plus fréquemment place soit sur son manteau, soit sur sa robe, soit sur l'ensemble de sa tenue vestimentaire. Auparavant, dans l'iconographie, Marie peut être vêtue de n'importe quelle couleur mais il s'agit presque toujours d'une couleur sombre : noir, gris, brun, violet, bleu ou vert foncé. L'idée qui domine est celle d'une couleur d'affliction, une couleur de deuil. La Vierge porte le deuil de son fils mort sur la croix. Cette idée est déjà présente dans l'art paléochrétien - probablement parce que dans la Rome impériale on connaissait déjà l'usage des vêtements de deuil noirs ou sombres - et se prolonge dans l'art carolingien et dans l'art ottonien. Après l'an mille cette palette va en se réduisant, et le bleu tend à remplir à lui tout seul ce rôle d'attribut du deuil. En outre, il s'éclaircit et se fait plus séduisant : de terne et sombre il devient plus franc, plus lumineux, plus saturé. Nous sommes alors en pleine promotion de la couleur bleue dans la vie sociale et dans la création artistique.

Au début de l'époque moderne la Vierge conserve le bleu comme attribut iconographique. Mais avec l'art baroque, une mode nouvelle se met progressivement en place : celle des vierges d'or ou dorées, couleur de la lumière divine. Cette mode triomphe au XVIIIe siècle et se maintient fort avant dans le XIXe. Puis à partir de l'adoption du dogme de l'Immaculée Conception - selon lequel

Marie, dès le premier instant de sa conception, par un privilège unique de Dieu, a été préservée de toute souillure du péché originel - dogme définitivement reconnu par le pape Pie IX en 1854, la couleur iconographique de la Vierge devient le blanc, symbole de pureté. Dès lors, pour la première fois depuis les temps les plus anciens du Christianisme, la couleur iconographique de Marie et sa couleur liturgique sont identiques : le blanc. Dans la liturgie en effet, depuis de Ve siècle pour beaucoup de diocèses et depuis le pontificat d'Innocent III (1198-1216) pour l'ensemble de la Chrétienté romaine, les fêtes de la Vierge étaient associées à la couleur blanche.

Voir aussi *Bébés, Bleu, Petit chaperon rouge, Vêtement.*

Feutres

A l'école, les enfants n'apprennent plus à colorier avec des crayons de couleurs à mine d'argile mais avec des crayons à pointe de feutre. Ce changement aux conséquences incalculables s'est effectué dans le courant des années soixante-dix. Il a entraîné chez les jeunes générations de profondes mutations de goût et de sensibilité, faisant notamment disparaître les notions de couleur sèche et, surtout, de couleur mate. Avec les feutres - devenus désormais les premiers instruments créateurs de couleurs manipulés par les enfants - les couleurs tendent toujours vers l'humide et vers le brillant.

Cette brillance générale de la couleur fait désormais partie de notre environnement quotidien. L'enfant la retrouve plus tard dans les livres et les magazines imprimés sur papier couché, sur les étiquettes de tous les produits et objets de la vie quotidienne, sur les tissus synthétiques, sur les carrosseries des voitures, sur les néons de la rue, et surtout au cinéma, à la télévision, plus tard sur les écrans d'ordinateurs. Aujourd'hui, toutes les couleurs brillent. L'opposition mat/brillant, autour de laquelle les sociétés anciennes articulaient une grande partie de leur sensibilité chromatique (ainsi que de nombreux codes et systèmes de représentation) a pratiquement disparu. La mode récente et répugnante des couleurs « fluo » (qui possèdent la propriété de transformer la lumière qu'elles reçoivent en radiations de plus grande intensité) a semblé constituer l'enterrement définitif de la matité millénaire des couleurs. Heureusement cette mode fut de courte durée.

Les crayons feutres ont eu d'autres effets sur la culture et sur la sensibilité chromatiques des enfants. Moins chers que les crayons de couleurs traditionnels - qui sont aujourd'hui un luxe inaccessible à la plupart des bourses - ils ont favorisé, dès le plus jeune âge, l'emploi d'une palette diversifiée, aux multiples nuances toutes prêtes. L'enfant a ainsi perdu l'habitude (pourtant riche de créativité) de superposer deux couleurs pour en obtenir une troisième. Il n'a plus jamais appris à inventer pour remplacer une couleur manquante, et s'est immergé très tôt dans un bariolage polychrome, semblant étranger à toute pédagogie et dépourvu de toute préoccupation esthétique. Ce même bariolage se retrouve, quelques années plus tard, dans les tableaux des jeunes artistes peintres. Appauvrie par l'emploi de l'acrylique - le plus souvent utilisée telle quelle au sortir du pot ou du tube - disposée sans retenue ni plaisir, la couleur, agressive et vulgaire, paraît souvent hurler sur la toile. Du moins pour un œil de plus de trente-cinq ans, qui n'a pas connu les crayons feutres à l'école maternelle.

Voir aussi *Colorer/colorier, Couleur, Incolore, Préférences, Violet.*

Feux tricolores

La signalisation routière est fille de la signalisation maritime et ferroviaire. De ce fait, elle est en partie le réceptacle de codes et de systèmes très antérieurs à l'apparition de l'automobile. Mais elle a joué un rôle si important dans la vie quotidienne du XXe siècle, influencé si fortement la vie sociale et culturelle qu'elle a, à son tour, créé et répandu de nombreux systèmes de signes et profondément imprégné notre sensibilité.

Les feux tricolores sont l'exemple le plus patent de ce lien entre des pratiques anciennes et des modes de sensibilité nouveaux. Jusqu'au XVIIIe siècle, le vert n'est jamais pensé comme le contraire du rouge. Le rouge n'a que deux contraires : le blanc (depuis la protohistoire) et le bleu (depuis les XIIe-XIIIe siècles). C'est la théorie des couleurs primaires et des couleurs complémentaires qui, telle qu'elle émerge définitivement entre 1750 et 1850, invite à penser - pour la première fois en Occident - le vert comme un des contraires du rouge. Parce que le rouge a droit au statut de couleur primaire et que, sur le cercle chromatique, le vert en est désormais la couleur complémentaire.

Le rouge étant depuis longtemps la couleur du danger et de l'interdiction (nombreux exemples dès le Moyen Age), par inversion le vert devient, dans le courant du XIXe siècle, la couleur de la permission, du laisser-passer et même de la liberté. Tour à tour, les signalisations maritime, ferroviaire, routière, puis aérienne organisent des ensembles de signaux ou le rouge indique l'interdiction de passer et le vert au contraire, l'autorisation. En ville, la présence de « feux rouges » à peu près à tous les coins de rue a fini par élever cette articulation rouge/vert au rang d'une structure de base, au même titre que blanc/noir ou rouge/bleu. Le vert, qui au Moyen Age et encore au début de l'époque moderne était la couleur du désordre, de la transgression, de l'exclusion et de tout ce qui allait à l'encontre des règles, codes et systèmes établis, est devenu, grâce aux feux rouges, couleur de l'autorisation (*donner le feu vert*), des règles respectées, de l'acquiescement, de la tolérance, voire de la passivité. Inversion totale d'une dimension symbolique due à des théories scientifiques fragiles et, surtout, à leurs prolongements dans les systèmes de signes.

Quant au jaune (ou à l'orange) comme palier intermédiaire entre le vert et le rouge, il est lui aussi fortement daté, impensable avant la mise en valeur du spectre et l'emploi (tardif) de celui-ci dans les codes sociaux. Pendant des siècles, peut-être des millénaires, le jaune n'a pas été pensé comme un sous-rouge mais comme un sous-blanc.

Voir aussi *Arbitre, Code de la route, Daltonisme, Drapeau, Héraldique.*

France

De quelle couleur est la France ? Bleue, bien sûr. Non seulement toutes les équipes sportives qui représentent ce pays dans les compétitions internationales jouent en maillots ou vêtements bleus, mais partout, et souvent bien loin des terrains de sport, la France est emblématiquement associée à cette couleur. Et cela peut-être plus encore à l'étranger qu'en France même. Cette « France bleue » possède des racines historiques profondes. Tout d'abord le drapeau tricolore : le bleu y est perçu comme la couleur la plus importante parce que c'est celle qui est placée près de la hampe (en outre, quand le vent vient à manquer, le bleu seul est apparent). Certes, le blanc et le rouge font aussi partie des couleurs nationales, mais ce bleu du drapeau, né pendant la Révolution, semble plus représentatif de la Nation française. Il est consensuel, tandis que le blanc et le rouge évoquent des opinions ou des idéologies plus radicales. En outre le bleu du drapeau tricolore, contrairement au rouge et au blanc, paraît établir un lien avec une couleur plus ancienne : le bleu des armoiries royales, *d'azur semé de fleurs de lis d'or*, apparues au XIIe siècle. Il y a ainsi au fil des siècles une sorte de continuité du bleu « français » (de même qu'il y a une continuité du rouge anglais) parce cet azur des armoiries royales est rapidement devenu la couleur de la monarchie, puis, à la fin du Moyen Age, celle de l'Etat et du gouvernement, et enfin, à l'époque moderne, aux XVIIe et XVIIIe siècles, celle de la Nation.

Bien avant la Révolution, le bleu était déjà la couleur de la Nation française. La Révolution l'a pleinement confirmé dans ce rôle et les événements des XIXe et XXe siècles l'ont rendu presque indélébile. Quelles que soient les mutations politiques, sociales, idéologiques ou démographiques à venir, le bleu semble devoir rester la couleur de la France pour l'éternité. Dès lors, une question demeure : pourquoi les équipes nationales d'Italie, dans tous les sports, s'obstinent-elles, et depuis si longtemps, à jouer en maillot bleu, alors que cette couleur ne prend place ni dans le drapeau italien ni dans les armoiries des anciens royaumes, duchés, principautés et républiques qui ont donné naissance à l'Italie moderne ? Il y a là un mystère.

Voir aussi *Bleu blanc rouge, Drapeau.*

Gris

Le gris est la couleur que je préfère. Comme il est la couleur que préfèrent plusieurs dizaines de millions de personnes à travers le monde. Toutes les enquêtes visant à établir un « palmarès » des couleurs préférées montrent en effet que le gris est loin de venir en dernier dans un tel classement. Il devance nettement le violet, l'orange et le brun (les trois couleurs les moins aimées) et a presque autant d'admirateurs que le rose ou même le jaune. De ce fait, je suis toujours étonné que certains (notamment parmi les hommes de science) refusent de considérer le gris comme une véritable couleur. Non seulement c'est pour l'historien et pour l'anthropologue une couleur à part entière, mais c'est probablement aussi, pour les peintres et pour les photographes, la couleur la plus riche, celle qui autorise les jeux de lumière et de camaïeu les plus subtils, celle qui fait « parler » avec le plus de précision et de volubilité toutes les autres couleurs.

Voir aussi *Cinéma, Incolore, Préférences, Protestantisme.*

Héraldique

Née au XIIe siècle, l'héraldique apparaît comme le grand système de la couleur créé par la culture occidentale. Contrairement à la plupart des autres usages sociaux des couleurs, le blason envisage celles-ci comme des catégories pures. Pour ce faire, il s'appuie dès l'origine sur la notion - à bien des égards déjà extrêmement moderne - de couleur unie, c'est-à-dire non pas sur la couleur elle-même mais sur l'imaginaire de la couleur. De ce fait, en héraldique, la frontière est toujours floue qui sépare l'emblème du symbole, et parler des couleurs héraldiques, qu'elles appartiennent en propre au blason ou bien à tous les codes qui en découlent (drapeaux, uniformes, code de la route, emblèmes sportifs, étiquettes et logos de toutes natures), conduit nécessairement à parler de la symbolique des couleurs.

1. Apparues au milieu du XIIe siècle pour des raisons militaires - reconnaître les combattants sur les champs de bataille et de tournoi - les armoiries peuvent se définir comme des emblèmes en couleurs, propres à un individu ou à un groupe d'individus et soumis dans leur composition à certaines règles qui sont celles du blason. C'est essentiellement l'existence de ces règles, peu nombreuses

mais fortement prescriptives, qui différencie le système héraldique européen de tous les autres systèmes emblématiques, antérieurs ou postérieurs.

La diffusion des armoiries fut extrêmement rapide, tant dans l'espace géographique que dans l'espace social, et leur emploi s'est de bonne heure démilitarisé. Vers 1350, on peut admettre que l'ensemble de la société occidentale, y compris la classe paysanne, en fait usage. Rien n'interdit à personne d'adopter l'armoirie de son choix, à la seule condition de ne pas usurper celle d'autrui. Le système héraldique, dont la phase classique se situe grossièrement entre 1230 et 1380, est alors à son apogée. Tout à la fois signes d'identité, marques de possession et ornements décoratifs, les armoiries prennent place sur des supports de toutes sortes : vêtements militaires et civils, bâtiments et monuments, meubles et étoffes, livres, documents officiels, sceaux, monnaies, objets d'art et objets de la vie quotidienne. A partir du milieu du XIIIe siècle, les églises deviennent elles-mêmes de véritables musées héraldiques : on y trouve des armoiries sur les sols, sur les murs, sur les plafonds, sur les tombeaux, sur les vitraux, sur les objets et les vêtements du culte. De ce fait, ces armoiries sont offertes à la contemplation du plus grand nombre (avec toutes les médiations et dérives sémantiques que cela implique). L'armoirie est une image qui est faite pour être vue et qui est vue.

A partir du XVe siècle, la place des armoiries dans la vie quotidienne et la civilisation matérielle devient envahissante. Innombrables sont partout en Europe occidentale les objets, les monuments et les documents qui en sont ornés et à qui elles apportent ce faisant un « état civil ». Bien souvent, en effet, les armoiries sont aujourd'hui le seul élément dont nous disposions pour situer ces objets et ces monuments dans l'espace et dans le temps, pour en retrouver les commanditaires ou les possesseurs successifs, pour en retracer l'histoire et les vicissitudes. Un moment en déclin dans la seconde moitié du XVIe siècle, l'héraldique occidentale est régénérée par l'art baroque qui prolonge son existence de deux siècles. Aujourd'hui, même si elle est encore vivante dans quelques pays (l'Angleterre, l'Écosse, la Suisse), l'héraldique est surtout remarquable par les nombreux codes qui en sont issus et qui régissent toute notre symbolique sociale, depuis les drapeaux et les uniformes jusqu'aux étiquettes des bouteilles de vin ou des boîtes de fromage, en passant par les logotypes des partis politiques et les maillots des clubs de football.

2. L'héraldique n'utilise qu'un petit nombre de couleurs. Six existent dès l'origine : blanc (*argent*), jaune (*or*), rouge (*gueules*), noir (*sable*), bleu (*azur*) et vert (*sinople*). Une septième, le *pourpre*, traduite par un gris plus ou moins violacé, est apparue dans le courant du XIIIe siècle mais est toujours et partout restée d'un emploi très rare. Elle semble n'exister que pour atteindre symboliquement le chiffre sept, celui de l'harmonie et de la plénitude des systèmes. La grande originalité de ces couleurs est d'être absolues, presque immatérielles. Les nuances ne comptent pas. Pour exprimer en peinture le rouge des armoiries de la ville de Florence ou le bleu de celles du roi de France, par exemple, les artistes sont totalement libres de choisir les nuances qui leur plaisent et de les adapter au support sur lequel ils travaillent. Le rouge peut être carmin, grenat, sang, vermillon ou même rose, ocre ou orange, cela n'a aucune importance ni aucune signification. C'est un rouge conceptuel. Même chose avec le bleu du roi capétien : il peut être aussi bien bleu ciel que bleu outremer sans rien perdre de ses dimensions héraldique et symbolique. Au reste, dans la langue française du blason, l'emploi de termes spécifiques, parfois très éloignés de ceux de la langue ordinaire (*gueules, sable, sinople*), souligne nettement ce caractère abstrait des couleurs.

Pour l'historien des armoiries cela représente un atout considérable par rapport aux autres systèmes de la couleur, particulièrement les images. Ici non seulement les nuances ne comptent pas, mais le chercheur peut également évacuer toutes les difficultés liées aux réactions chimiques et aux effets du temps sur la plupart des documents (salissure ou pâlissement des tons, oxydation de certaines teintes, etc.). En outre, le caractère absolu des couleurs du blason l'autorise à pratiquer des statistiques de toutes natures sur leur fréquence, leur rareté ou leurs combinaisons dans les armoiries d'une époque, d'une région, d'une classe ou catégorie sociale. Les résultats obtenus peuvent être cartographiés, mis en tableau, comparés à d'autres domaines de la vie sociale où la couleur est aussi fortement sollicitée. Dans la longue durée, par exemple, ces statistiques sur la fréquence des couleurs héraldiques mettent bien en évidence la montée progressive et continue de la couleur bleue entre le XIIe et le XVIIIe siècle. Rare à l'origine, l'*azur* héraldique émerge au XIIIe siècle, fait concurrence au *gueules* (rouge) à la fin du Moyen Age et au début des Temps Modernes, puis devient définitivement la première des couleurs du blason en Italie, en France et en Angleterre à partir du milieu du XVIIe siècle. Envisagée isolément, l'histoire chiffrée de cet *azur* héraldique (ou de toute autre couleur) reste évidemment anecdotique. Mais comparée à d'autres champs de l'histoire sociale (le vêtement, l'habitat, le lexique), elle prend une forte valeur documentaire. Et ce qui vaut pour la durée vaut également pour l'espace géographique et pour l'espace social. L'étude des fréquences et des raretés des couleurs dans les armoiries peut apporter à l'historien un matériel chiffré pour poser les premiers fondements d'une histoire du goût des populations européennes en matière de couleurs, histoire dont les enjeux culturels et idéologiques sont à tous égards considérables.

3. Une autre grande originalité du système héraldique réside dans la règle qui organise l'emploi des couleurs. Celles-ci ne peuvent pas s'associer n'importe comment à l'intérieur de l'armoirie. Au contraire, elles obéissent à une combinatoire rigoureuse. L'héraldique en effet répartit ses sept couleurs en deux groupes ; dans le premier elle range (j'emploie pour simplifier les termes du vocabulaire ordinaire) le blanc et le jaune ; dans le second, le rouge, le bleu, le noir, le vert et le pourpre. La règle d'emploi des couleurs interdit de superposer ou de juxtaposer deux couleurs appartenant au même groupe. Prenons l'exemple d'une armoirie dont la figure est un lion : si le champ est rouge, le lion placé sur ce champ pourra être blanc ou jaune mais pas bleu, ni noir, ni vert, ni pourpre. Inversement, si le champ est blanc, le lion pourra être rouge, bleu, vert ou pourpre mais pas jaune. Cette règle fortement contraignante existe dès l'apparition des armoiries au milieu du XIIe siècle et a toujours et partout été respectée. Elle constitue le principal élément syntaxique à l'intérieur du système héraldique et, débordant ce dernier dès le XIIIe siècle, elle a exercé une influence considérable et multiforme sur la plupart des autres pratiques emblématiques de la couleur au sein des sociétés européennes, du Moyen Age à nos jours. Pour certaines associations de couleurs - par exemple le bleu et le noir, ou le noir et le vert -, l'héraldique occidentale a fait preuve d'impérialisme et étendu ses interdits au plus profond de la sensibilité européenne, y compris dans ses expressions artistiques et esthétiques.

C'est dans l'univers des drapeaux que cette influence dominante du blason s'observe le mieux. Leur émergence a été lente et complexe, mais jusqu'au XIXe siècle elle a presque toujours été liée à l'évolution des usages héraldiques. Dans la plupart des pays d'Europe, l'emblématique vexillaire est progressivement passée du niveau familial au niveau dynastique, puis du dynastique au monarchique et du monarchique à l'étatique, enfin de l'étatique au national. Il est regrettable que l'histoire des drapeaux ait jusqu'à présent été abandonnée aux amateurs d'insignes et aux collectionneurs de militaria.

Ce qui est vrai des drapeaux l'est aussi des vêtements emblématiques, des uniformes et des insignes de toutes espèces. Partout l'empreinte de l'héraldique a été et reste profonde et durable. Ici encore il faut regretter le désintérêt des historiens pour de tels objets. Les livrées, les tenues domestiques et professionnelles, les vêtements juridiques et universitaires, les costumes monastiques et liturgiques, les uniformes militaires, les maillots des sportifs, les casaques des jockeys, tous ont une histoire, inséparable de celle des pratiques emblématiques de la couleur ; elle doit être inscrite dans la longue durée. Parfois, l'ancienneté ne se situe pas où on l'attendrait. Sait-on par exemple que les tartans écossais ne sont par antérieurs au XVIIIe siècle, ou que l'usage des couleurs liturgiques ne fut définitivement codifié qu'en 1834 ? Alors que les couleurs des maillots de certains clubs de football ont une origine qui se situe parfois bien en amont, dans les armoiries médiévales de telle ou telle ville, famille ou principauté. L'emblématique sportive - comme l'emblématique politique - est toujours extrêmement riche pour l'étude des codes et des fonctionnements de la couleur.

Voir aussi *Bleu blanc rouge, Drapeau, Sport.*

Histoire

1. Tenter de retracer l'histoire des couleurs est un exercice difficile, presque impossible. Le travail de l'historien est

double. Il lui faut d'abord essayer de cerner et de restituer ce qu'a été l'univers de la couleur pour telle ou telle société du passé, en prenant en compte toutes les composantes de cet univers. Puis, dans la diachronie, en se limitant à une aire culturelle donnée, il lui faut étudier les mutations, les disparitions, les innovations qui affectent tous les domaines de la couleur historiquement observables : le lexique, la chimie des pigments, la teinture des étoffes, les codes sociaux (vêtements, marques, signaux, emblèmes), les moralisations des hommes d'Église, les spéculations des hommes de science, les préoccupations des hommes de l'art.

Dans cette perspective historique, jongler avec l'espace, c'est-à-dire avec des aires culturelles et des civilisations qui pendant des siècles n'ont pas eu de contact entre elles, est un exercice qui n'a pas grand sens. La couleur y recouvre des réalités par trop différentes. Même si le comparatisme permet de dégager quelques ressemblances, quelques « archétypes » supposés, l'océan des différences est tel que ces quelques gouttes de ressemblances s'y trouvent noyées. Prétendre écrire une histoire universelle des couleurs qui, des origines au XXe siècle, engloberait aussi bien la ou les couleurs occidentales que les couleurs amérindiennes, africaines, asiatiques ou océaniennes, me semble donc matériellement irréalisable et, surtout, scientifiquement vain. En revanche, il paraît légitime de se concentrer sur une civilisation donnée et d'y étudier la problématique des couleurs dans la longue durée. Cela est ardu et devrait probablement être un travail d'équipe et non pas celui d'un chercheur isolé : l'historien est, intellectuellement et techniquement, outillé pour exploiter les documents d'une époque, voire à la rigueur de deux époques qui se suivent ; il lui est pratiquement impossible d'étudier avec la même rigueur et le même flair (un outil indispensable à la recherche historique) toutes les époques. Ce qu'il peut faire, cependant, c'est se concentrer sur quelques temps forts et passer plus rapidement sur des moments jugés plus « intermédiaires ».

2. Une autre difficulté, qui tient à la nature même du phénomène couleur, est de se placer de tous les points de vue, de tenter d'aborder tous les domaines. Une histoire globale de la couleur dans la civilisation occidentale est-elle possible ? Peut-être pas. Ou alors en séparant dans des chapitres relativement cloisonnés ce qui concerne le lexique, l'image, le vêtement, le goût, l'histoire des sciences, etc. Articulation commode, qui souligne l'extrême diversité de l'univers des couleurs, mais articulation quelque peu frustrante pour l'historien en ce qu'elle représente une globalité factice et conduit à des répétitions et à un éclatement de la chronologie. Mais est-il possible de procéder autrement ? La couleur est un phénomène tellement insaisissable.

3. Une autre difficulté vient de ce qu'il est impossible de projeter tels quels dans le passé nos propres conceptions, nos propres systèmes de la couleur. Prenons un exemple simple. Pour nous, depuis les expériences de Newton, la découverte du spectre et la classification spectrale des couleurs (des infrarouges aux ultraviolets), il est évident que le vert se situe quelque part entre le jaune et le bleu. De multiples habitudes sociales, des calculs scientifiques, des preuves naturelles (l'arc-en-ciel) et des pratiques quotidiennes de toutes sortes sont constamment là pour nous le rappeler ou pour nous le prouver. Or, pour l'homme du Moyen Age par exemple, cela n'a aucun sens. Dans aucun système médiéval de la couleur, le vert ne se situe entre le jaune et le bleu. Ces deux dernières couleurs ne prennent pas place sur les mêmes échelles et ne peuvent donc avoir un palier intermédiaire, un « milieu » qui serait le vert. Le vert se situe ailleurs, quelque part du côté du noir, ou bien hors de toute échelle linéaire de la couleur.

Le cas du gris est tout aussi instructif. Pour nous le gris est évidemment un mélange de noir et de blanc, une valeur intermédiaire entre ces deux pôles. Dans la sensibilité médiévale il n'en est rien. Le gris - dont le concept et la représentation émergent lentement et tardivement - n'est pas fait de noir et de blanc ; il évoque simplement l'idée de taches, de bigarrure, d'absence de franchise ou de netteté. Un cheval gris, aux XIIe et XIIIe siècles, n'est pas un cheval dont la robe est de couleur grise ; c'est un cheval tacheté, pommelé, moucheté ou tigré de différentes couleurs, toutes caractéristiques que le latin médiéval exprime par le mot *varius*. Pour l'homme du Moyen Age, à mi-hauteur dans une échelle linéaire des couleurs allant du blanc au noir - échelle qui n'existe qu'à partir du XIIIe siècle -, il y a non pas le gris mais le rouge, la « troisième couleur ». Une preuve amusante en est donnée par les naturalistes et par les voyageurs (en chambre), qui affirment qu'un homme blanc qui procrée avec une femme noire ne peut avoir que des enfants à damiers blancs et noirs ou des enfants rouges !

L'historien doit donc se méfier de tout anachronisme. Non seulement il ne doit pas projeter dans le passé ses propres connaissances de la physique ou de la chimie des couleurs, mais il ne doit pas prendre non plus comme vérité absolue, immuable, l'organisation spectrale des couleurs et toutes les théories qui en découlent. Pour lui comme pour l'ethnologue, le spectre ne doit être envisagé que comme un système symbolique parmi d'autres quant à la classification des couleurs. Un système aujourd'hui connu et reconnu de tous, prouvé par l'expérience, démonté et démontré scientifiquement, mais un système qui peut-être, dans quatre, cinq ou six siècles, fera sourire ou sera totalement obsolète. La notion de preuve scientifique est elle aussi étroitement culturelle ; elle a son histoire, ses raisons, ses enjeux idéologiques et sociaux. Aristote, qui ne classe pas du tout les couleurs dans l'ordre du spectre, démontre néanmoins « scientifiquement », par rapport aux connaissances de son temps, et preuves à l'appui, la justesse physique et optique, voire la vérité ontologique de sa classification.

Voir aussi *Couleur, Drapeau, Héraldique, Préférences, Protestantisme.*

Histoire de l'art

La couleur est la grande absente de l'histoire de l'art. Même les historiens de la peinture sont souvent muets à son égard et parviennent à écrire des livres épais et savant sur l'œuvre d'un peintre ou sur tel ou tel école picturale sans jamais prononcer le mot *couleurs*. Ils préfèrent étudier la biographie de l'artiste (souvent transformée en hagiographie), analyser son style (qu'est-ce que le style d'un peintre sans la couleur ?), parler d'influences et de modernité, philosopher sur les rapports entre art et société. Mais sur la couleur, rien ; ou si peu.

A ce silence des historiens de l'art il existe cependant des raisons qui constituent en elles-mêmes d'authentiques documents. Elles ont trait pour l'essentiel aux difficultés qu'il y a à envisager la couleur comme un objet d'histoire à part entière. Ces difficultés sont de trois ordres. Les premières sont documentaires : nous voyons les couleurs que le passé nous a transmises, telles que le temps les a faites et non pas dans leur état d'origine ; nous les voyons en outre dans des conditions de lumière qui n'ont souvent aucun rapport avec celles qu'ont connues les sociétés qui nous ont précédés ; enfin, pendant des décennies et des décennies, nous avons pris l'habitude d'étudier les images et les objets du passé au moyen de photographies en noir et blanc et, malgré la diffusion de la photographie en couleurs, nos modes de pensée et de réflexion semblent être restés, eux aussi, plus ou moins noirs et blancs.

Les deuxièmes difficultés sont méthodologiques : dès qu'il s'agit de la couleur et de sa place sur une œuvre d'art, un objet, un monument ou une image, tous les problèmes se posent en même temps : physiques, chimiques, matériels, techniques, mais aussi iconographiques, idéologiques, emblématiques, symboliques. Comment sérier ces problèmes ? dans quel ordre poser les bonnes questions ? comment établir des grilles d'analyse permettant d'étudier les images et les œuvres d'art ? Aucun chercheur, aucune équipe, aucune méthode n'ont encore su résoudre ces difficultés ; chacun ayant tendance à sélectionner dans les données et les problèmes multiformes de la couleur ceux qui l'arrangent par rapport à la démonstration qu'il est en train de conduire et, inversement, à laisser de côté tous ceux qui le dérangent. C'est évidemment là une mauvaise façon de travailler. D'autant que pour les périodes historiques, la tentation est souvent grande de plaquer sur les objets et sur les images en couleurs les informations que nous apportent les textes, alors que la bonne méthode - au moins dans un premier stade de l'analyse - serait de procéder comme le font les préhistoriens, qui ne disposent d'aucun texte mais qui doivent analyser des peintures pariétales : tirer de ces images et de ces objets eux-mêmes du sens, des logiques, des systèmes.

Les troisièmes difficultés sont d'ordre épistémologique : il est impossible de projeter tels quels sur les images et les objets produits par les siècles passés nos définitions, nos conceptions et nos classements actuels de la couleur. Ce n'étaient pas ceux des sociétés d'autrefois (et ce ne seront peut-être pas ceux des sociétés de demain...). Le danger de l'anachronisme guette toujours l'historien - et l'historien de l'art peut-être plus que tout autre - à chaque coin de document. Mais lorsqu'il s'agit de la couleur, de ses définitions et de ses classements, ce danger semble plus grand encore. Rappelons une fois encore que pendant des siècles, en Occident, le noir et le blanc ont été considérés comme des couleurs à part entière ; que le spectre et l'ordre spectral des couleurs sont inconnus avant le XVIIe siècle ; que l'articulation entre couleurs primaires et couleurs complémentaires émerge lentement au cours de ce même siècle mais ne s'impose vraiment qu'au XIXe ; que l'opposition entre couleurs chaudes et couleurs froides est purement conventionnelle et fonctionne différemment selon les époques et les sociétés (au Moyen Age, par exemple, le bleu est une couleur chaude). Le spectre, le cercle chromatique, la notion de couleur primaire, la loi du contraste simultané ne sont pas des vérités éternelles mais seulement des étapes dans l'histoire mouvante des savoirs. S'il ne veut pas être anachronique, l'historien de l'art ne doit pas les manier inconsidérément.

Etudier la couleur est toujours très difficile. D'autant que la perception même des associations ou des oppositions de couleurs par les hommes et les femmes des siècles passés peut être très différente de la notre. Juxtaposer du jaune et du vert, par exemple, constitue pour la sensibilité médiévale et encore pour celle des XVIe et XVIIe siècles le plus violent contraste chromatique que l'on puisse produire. Or pour nous ces deux couleurs, voisines dans le spectre, sont perçues comme très proches l'une de l'autre : notre œil est habitué à passer insensiblement du jaune au vert ou du vert au jaune sans ressentir une impression de rupture, encore moins de contraste. Inversement, des contrastes comme rouge/vert ou rouge/bleu qui pour nous sont relativement forts, ne le sont pas, ou guère, pour l'œil antique ou médiéval. Quant à savoir ce qu'est une belle couleur, une belle peinture, un peintre de grand talent...

Identité (photographies d')

En France, jusqu'au milieu des années soixante-dix, les règlements de police et d'état civil exigeaient que, sur les papiers d'identité, les photographies soient des photographies en noir et blanc et non pas en couleurs. La couleur passait pour moins « authentique », moins réaliste que la gamme des noirs-gris-blancs. C'était à la fois un luxe inutile et une sorte de tromperie, de dissimulation, ou à tout le moins une gêne. De même que l'on devait « se faire tirer le portrait » de face, nu-tête, imberbe, de même on devait faire apparaître ce portrait sur un papier noir et blanc.

Aujourd'hui c'est le contraire. Les textes réglementaires recommandent (et bientôt exigeront) la photographie en couleurs. En moins d'une génération, le système de valeurs s'est ici inversé. La couleur passe désormais pour plus proche de la réalité, plus vraie, plus lisible. C'est le noir et blanc qui semble dorénavant une entrave, voire une tromperie. Du moins pour ce qui concerne les photographies d'identité.

A cette mutation, des causes à la fois techniques et culturelles. En trente ans, la photographie en couleurs a fait des progrès considérables (même si elle a, encore et toujours, des difficultés dans la gamme des verts, et même si l'écart reste énorme entre la qualité de ce qui est proposé au grand public et ce qui est utilisé dans le domaine de l'imagerie médicale ou astronomique, par exemple). Des travaux scientifiques d'une très haute technicité y ont recours quotidiennement. Dans les livres et les magazines, sur les écrans de cinéma et de télévision, les images sont très majoritairement devenues en couleurs. Nous avons donc aujourd'hui des systèmes de représentation du réel beaucoup plus colorés que nos parents et nos grands-parents. En outre, sur certains supports, l'image en couleurs coûte désormais moins cher que l'image en noir et blanc (ainsi sur le papier photographique destiné aux photographies ordinaires, celles que prend le commun des mortels). D'où des emplois qui se modifient et se diversifient, des valeurs qui s'inversent. D'où aussi un divorce de plus en plus grand entre les deux types d'images au profit de celles en couleurs. Il demeure toutefois certains domaines (le dessin d'architecte, la photographie d'art, le film policier, etc.) où l'image en noir et blanc garde encore - pour combien de temps ? - un certain prestige, une aura de séduction et de vérité.

Ces transformations rapides des usages et des codes sociaux construits autour de la couleur confirment pleinement combien la séparation, née aux XVe-XVIe siècles, entre le monde des couleurs proprement dites et celui du noir et blanc qu'est une séparation culturelle, d'avantage une réalité fondée sur des principes physiques et optiques. Ce sont des considérations et des pratiques sociales, morales, idéologiques, symboliques, esthétiques qui ont fait sortir le noir et le blanc de l'ordre des couleurs et qui, progressivement, en ont fait le contraire même de la couleur.

Voir aussi *Cinéma, Protestantisme, Sépia.*

Incolore

Comment traduire dans une image colorée la notion d'incolore ? Pour résoudre ce problème, les peintres médiévaux avaient recours à deux procédés. Soit ils laissaient nu le support sur lequel était peinte l'image en couleurs (le parchemin ou le papier pour l'enluminure, le bois pour les panneaux, l'enduit pour la fresque, etc.), soit ils désaturaient fortement une couleur. Celle-ci s'inscrivait en général dans la gamme des tons chair (ce qui soulignait combien le degré zéro de la couleur était la couleur de la peau), ou bien dans celle des tons verts. Un vert très pâle et très peu dense pouvait suffire pour exprimer l'idée - toujours inquiétante, parfois diabolique - d'incolore. Celle-ci avait alors plus à voir avec la notion de décoloré, voire de transparent ou de liquide, qu'avec celle de « sans couleurs ».

A l'époque moderne, qui fait sortir progressivement le noir et le blanc de l'ordre des couleurs, une équivalence tend à s'instaurer entre l'incolore et la couleur blanche (alors que le noir n'est pas associé à l'idée de « sans couleurs » : un homme noir ce peut être un *homme de couleur* !). Les revenants, qui n'ont théoriquement ni forme ni couleur, ne sont plus verdâtres comme au Moyen Age mais blanchâtres. Ils ne sont plus tout à fait sans couleurs mais, ce qui n'est pas exactement la même chose, n'ont plus de couleur déterminée.

Cette équivalence partielle entre le blanc et l'incolore n'est cependant pas utilisable dans tous les cas, surtout dans nos images et nos codes contemporains. Je l'ai compris pleinement le jour où j'ai acheté une boîte de cirage incolore. Selon l'usage, l'extérieur de la boîte se devait de signaler la couleur du produit contenu à l'intérieur : pastille ou marque noire pour du cirage noir, bleu marine pour du cirage bleu marine, acajou pour du cirage acajou, blanc pour du cirage blanc, etc. Mais comment faire pour du cirage incolore. Le fabricant avait trouvé une solution originale et pertinente : il avait fait reproduire sur la boite un arc-en-ciel, établissant ainsi une synonymie entre incolore et polychrome. Le cirage incolore convenait pour toutes les chaussures, pour toutes les couleurs de cuir. En procédant ainsi, cette boîte de cirage retrouvait une idée chère à la sensibilité occidentale depuis des temps immémoriaux : les extrêmes se touchent. Pas de couleur, trop de couleurs : c'est presque la même chose.

Peut-être, un jour prochain, un parti politique incolore, rassembleur, situé à l'extrême centre, s'emblématisera-t-il dans l'arc-en-ciel ? Cela lui vaudrait, n'en doutons pas, de larges succès électoraux, l'arc-en-ciel apparaissant à tous comme séduisant et sympathique.

Voir aussi *Couleur, Délavé, Feutres, Médicaments.*

Ivresse

L'absinthe était verte, l'alcool blanc est devenu incolore (longtemps il fut jaune), mais l'ivresse est restée grise et l'ivrognerie, noire. Du moins en français. Car en allemand (argotique), on ne dit pas être gris ni être noir mais « être bleu » (*blau sein*). En anglais, cette même expression, *to be blue,* évoque moins l'ivresse que la mélancolie, le cafard, les « idées noires ». Quoiqu'aux États-Unis, on qualifie d'« heure bleue » (*blue hour*) non pas un parfum, comme en France, mais l'heure de sortie des bureaux, qui voit les citadins mâles ne pas rentrer directement chez eux mais éponger dans les bars leur coup de blues, en écoutant de la musique du même nom, ou bien en cherchant dans l'alcool une griserie leur permettant d'oublier momentanément les ennuis de la journée avant d'affronter les transports en commun et les retrouvailles familiales.

Ce lien entre l'ivresse et les couleurs froides ou sombres est ancien. En latin déjà, l'adjectif *lividus* - qui au sens propre qualifie la couleur gris-bleu de la peau ayant reçu un coup - peut désigner un homme ivre. En ancien français, gris peut avoir le même sens (mais le verbe *griser* signifiant plonger dans un état d'excitation comparable à l'ivresse, ne date que de la fin du XVIIe siècle). Pour noir, il faut attendre des dates plus récentes. Peut-être celles de l'invention du cirage, puisque être noir c'est « être dans le cirage » et que la couleur archétypale du cirage fut longtemps le noir ? L'argot de la fin du XIXe siècle et du début du XXe, en tout cas, fait une grande consommation du mot *noir* dans le sens de « totalement ivre » et de l'expression se noircir pour « s'enivrer ». Ce qui autorise des jeux de mots faciles et permet à plus d'un chansonnier de faire dire à un garçon de café qu'il ne peut pas servir un blanc ou un rouge à un consommateur qui est déjà complètement noir. Entre l'éthique et l'éthylisme, la frontière est parfois plus floue qu'on ne pourrait le croire.

S'interroger sur la couleur de l'ivresse c'est aussi s'interroger sur celle du cerveau : ils sont en fait de même couleur. Le cerveau est gris car il est constitué d'une multitude de ces « petites cellules grises » chères à Hercule Poirot. Elles forment la « matière grise ». Au reste, le vocabulaire anatomique scientifique distingue depuis plus d'un siècle la substance grise, représentée par les corps des cellules nerveuses à la surface du cerveau, et la substance blanche, constituée par les fibres nerveuses à myéline situées au centre du même cerveau, là où les vapeurs de l'alcool, heureusement, ne pénètrent pas. Lorsque nous sommes gris (en France) ou bleu (en Allemagne), seule la surface corticale est perturbée.

Voir aussi *Argot, Gris, Vin.*

Jaune

Voici comment pourrait se présenter un tableau résumant les différentes fonctions et significations de la couleur jaune dans la culture occidentale, telles qu'elles sont évoquées dans les notices du présent dictionnaire :

1. Couleur de la lumière et de la chaleur :

• La plus lumineuse des couleurs ; on teint de jaune ce qui doit bien se voir (balles de tennis).
• Les enfants sur leurs dessins font toujours la lumière de couleur jaune (portes ou fenêtres éclairées).
• Couleur du soleil, des vacances, liée aux loisirs. Contraire du gris de la vie quotidienne (cf. publicité).

2. Couleur de la prospérité et de la richesse :

• Autrefois, les épis de blé, les céréales, symboles de richesse.
• L'or, les trésors, les pièces de monnaies. Assimilation jaune/or.
• Couleur des riches et des puissants (couleur de l'empereur en Chine).
• Maillot jaune de celui qui est premier du Tour de France (à l'origine ce jaune est celui du journal *L'Auto,* qui organise la compétition).

3. Couleur de la joie, de l'énergie :

• Goût des enfants pour la couleur jaune.
• Médicaments toniques, fortifiants : de couleur jaune ou orange.

4. Couleur de la maladie et de la folie :

• Couleur de la bile, du mal au cœur, de l'acidité (jaune-vert).
• Couleur du soufre (mauvaise réputation).
• Couleur de la folie (associée au vert) depuis au moins le XIIIe siècle ; couleur de l'extravagance et du déguisement.

5. Couleur du mensonge et de la trahison :

• Couleur de Judas et de la Synagogue (Moyen Age).
• Couleur imposée aux juifs (étoile jaune), aux exclus et aux réprouvés.
• Couleur des traîtres, des chevaliers félons, des faux-monnayeurs (on peint leur maison de jaune au XIVe siècle).
• Couleur des briseurs de grèves, des ouvriers qui trahissent au profit du patronat.
• Couleur des maris trompés (déjà attestée au XVIIe siècle).

6. Couleur du déclin, la mélancolie, de l'automne :

• Tout ce qui est « jauni ».

Judo

Le judo est un sport qui se pratique pieds nus et qui nécessite un vêtement particulier : le judoka porte un pantalon et une grande veste de toile blanche, solide, maintenue croisée par une ceinture de couleur enroulée deux fois autour de la taille et arrêtée par un nœud. La couleur de cette ceinture indique le niveau du judoka selon la hiérarchie suivante : blanche (pour les débutants), jaune, orange, verte, bleue, marron et noire. La ceinture noire, qui représente le grade le plus élevé, est elle-même subdivisée en plusieurs échelons appelés *dan* et numérotés de 1 à 10. Au Japon, la ceinture noire des 6e, 7e et 8e dan est remplacée par une ceinture blanche et rouge ; celle des 9e et 10e dan, par une ceinture rouge unie.

Cette hiérarchie des couleurs est le produit de la culture et de la sensibilité japonaises. On aimerait savoir à quand elle remonte. Elle a en tout cas été progressivement adoptée par toutes les fédérations nationales de judo, puis par la Fédération internationale, créée en 1952. Le système hiérarchique des couleurs est donc le même pour les judokas du monde entier. Il prend quelques libertés avec l'ordre du spectre (ce qui est naturel, puisque le spectre est un système chromatique étroitement culturel, produit de la science européenne et non pas asiatique) et avec les habitudes occidentales de classement des couleurs. Les écarts, toutefois, sont moins grands que ceux que l'on pourrait attendre. Les deux pôles extrêmes sont le blanc et le noir, ce qui représente un axe universel ; le jaune fonctionne comme un demi-blanc et le marron, comme un demi-noir, ce qui est également le cas en Europe dans beaucoup de nuanciers antiques et médiévaux. La place de l'orange, en revanche, entre le jaune et le vert, et celle du bleu entre le vert et le marron, sont pour un œil ou un cerveau européen plus exotiques. Mais ce qui est tout à fait remarquable - et par certains côtés presque transculturel - c'est la place du rouge qui représente un au-delà du noir, un « super-noir » : la couleur absolue !

Rappelons à titre de comparaison la hiérarchie des couleurs signalant la difficulté croissante des pistes de ski alpin : (blanc), vert, bleu, (jaune), rouge et noir - le blanc et le jaune n'étant pas utilisés partout. Les deux échelles sont très différentes parce qu'elles concernent deux sports produits par deux cultures très éloignées l'une de l'autre. Peut-être qu'un jour l'acculturation sportive (ou médiatico-sportive), effrayante machine à broyer les codes culturels, les rapprochera ?

Voir aussi *Olympiques (anneaux), Ski, Sport.*

Lilas

Le lilas est un bel arbuste qui donne, selon les variétés, des fleurs de différentes couleurs : blanches, roses, bleues, violettes. Ce sont toujours de jolies fleurs, abondantes et odoriférantes. Employé comme terme de couleur, le mot *lilas* correspond à une nuance de violet particulièrement laid et désagréable, un violet bleuté ou rosé très pâle, tirant sur le mauve et, comme lui, éteint et peu saturé. Du moins en français et pour un œil français. Car en Allemagne, il en va autrement.

Depuis deux ou trois décennies, en effet, le mot *Lila*, emprunté directement au français (il s'agit à l'origine d'un mot arabe, transmis aux langues romanes par le biais de l'espagnol), est en Allemagne un terme de couleur très à la mode pour désigner non pas une certaine nuance de mauve pâle mais un violet tirant sur le rose ou le magenta et beaucoup plus saturé que la nuance française « lilas ». C'est une couleur à la mode, « branchée » parce que transgressant tous les systèmes de valeurs, abominable pour le commun des mortels mais presque emblématique pour certains mouvements alternatifs ou marginaux. Curieusement (ou habilement ?), la compagnie téléphonique nationale Deutsche Telecom a décidé d'en faire sa couleur-logo et de la montrer sur toutes les nouvelles cabines téléphoniques remplaçant désormais dans les grandes villes les anciennes cabines jaunes. Malgré le rejet de l'opinion, malgré des campagnes de presse qui ont parlé d'une véritable « pollution chromatique » de l'horizon visuel en milieu urbain, la Deutsche Telecom a maintenu sa couleur agressive et multiplié ses nouvelles cabines. L'abominable *Lila*, totalement étranger à la culture allemande traditionnelle (du moins dans cette usage et avec cette nuance violette), est devenu une couleur phare de l'Allemagne contemporaine. Cette mode sera-t-elle durable ? Et si oui, l'Allemagne va-t-elle en imposer la vogue au reste de l'Europe ? Il faut hélas ! le craindre.

Voir aussi *Magenta, Rose, Violet.*

Livre

Comme beaucoup de Parisiens, j'aime fréquenter les librairies et j'y choisis une partie des nombreux livres que j'achète au seul vu de leur couverture. Sur celle-ci, l'élément déterminant pour moi n'est pas tant l'image ou la typographie que la couleur : celle du plat, celle des lettres, celle du dos surtout. Une fois rangé dans une bibliothèque, en effet, le livre ne présente que son dos ; il convient donc d'y penser au moment de l'achat et de ne pas commettre l'irréparable : l'acquisition d'un livre à dos tapageur, vulgaire, rose, orange, doré !

Dans les discussions que j'ai pu avoir avec différents éditeurs, j'ai toujours été étonné du peu d'intérêt qu'ils portaient à la couleur de la couverture des livres. Certes, cette couverture fait parfois l'objet de soins attentionnés, mais cela concerne davantage le sujet de l'image - si image il y a - ou la taille des lettres (un auteur célèbre a souvent son nom composé en caractères plus grands que le titre du livre ; on observera que ce n'est pas le cas, hélas, pour le présent livre) que la couleur proprement dite. Cela est dommage, à la fois sur le plan esthétique et sur le plan commercial. Car la couleur d'un livre fait vendre. Non pas tant, comme on pourrait le croire naïvement, parce qu'elle plaît, mais parce qu'elle ne déplaît pas. Comme tout acheteur, le futur lecteur choisit par soustraction. Il élimine ce qu'il juge non conforme à son goût, ce qu'il juge commun, insipide ou déplaisant, et opère sa sélection parmi ce qui reste. Les éditeurs devraient davantage en tenir compte. Ils constateraient que les couvertures blanches sont celles qui se vendent le mieux parce qu'elles déplaisent le moins. Ils comprendraient également pourquoi des collections entières ont du mal à se vendre. Un choix malencontreux quant à la couleur de couverture peut, dès le départ, compromettre le succès d'une collection ou d'une série. Aux éditions Stock, par exemple, sait-on que l'excellente « Bibliothèque cosmopolite » (qui publie entre autres Arthur Schnitzler et Stefan Zweig) se vendrait certainement beaucoup mieux si elle n'était pas dotée de cette abominable couverture rose vif ?

Plusieurs fois, j'ai entendu dire que les couvertures vertes portaient malheur aux livres qu'elles habillaient. De fait, il n'y a aucune raison pour que la mauvaise réputation du vert et les superstitions qui s'y rattachent concernent seulement les vêtements (les acteurs refusent souvent de s'habiller de vert), les bijoux (on hésite à porter une émeraude) ou les voitures, et pas les livres ou d'autres produits. La symbolique d'une couleur fonctionne sur tous supports dans une société donnée.

Voir aussi *Cigarettes, Vert, Vêtement, Voiture.*

Magenta

Ce mot désigne d'abord une petite ville d'Italie, située en Lombardie à l'ouest de Milan. Il désigne également une victoire remportée près de cette ville, le 4 juin 1859, par les troupes françaises et piémontaises sur l'armée autrichienne. Napoléon III y fut présent et faillit y être fait prisonnier ; Mac Mahon s'y couvrit de gloire et fut fait maréchal de France. Il désigne enfin une certaine nuance de rouge tirant sur le rose violacé et jouant un rôle important dans la chimie des colorants.

Cette dernière acception est évidemment la plus récente. Elle concerne d'abord la langue anglaise : dès la fin de l'année 1859, on donna le nom de *magenta red* à un colorant rouge que l'on venait de découvrir, alors que le souvenir de la sanglante bataille lombarde (près de 9000 morts) était encore dans toutes les mémoires. L'année suivante, dans la bonne société britannique, on qualifia de *red magenta* une nuance de couleur à la mode dans le vêtement féminin, nuance se situant entre le rouge et le rose. Rapidement le mot passa en français, non pas tant pour qualifier une couleur d'étoffe ou de vêtement, que pour désigner le nouveau colorant rouge de la famille de la fuchsine. Ce colorant est surtout utilisé en imprimerie (trichromie et quadrichromie) et en photographie (où il absorbe le vert et transmet le rouge et le bleu).

La nuance *magenta* du rouge est parfois considérée en chimie et en physique comme celle qui exprime au plus près le rouge « primaire ». Mais c'est aussi une nuance qui, dans les enquêtes d'opinion sur les goûts et les couleurs, est particulièrement mal aimée. Contrairement au vermillon et à tous les rouges qui tendent vers l'orangé, exprimant par là même une certaine idée de chaleur et de joie, les tons *magenta* - comme du reste tous les rouges qui tirent par trop vers le rose ou vers le violet - sont ressentis comme désagréables pour l'œil et qualifiés de « laids », de « vulgaires », voire de « répugnants ». Puissent la photographie et la photocopie en couleurs, qui en font grand usage et qui ont hélas ! souvent tendance à transformer tous les tons de rouge en cet abominable magenta, faire bientôt les progrès nécessaires pour nous en débarrasser.

Voir aussi *Cyan, Lilas, Rose, Violet.*

Maillot jaune

La création du maillot jaune en 1919 (le célèbre Eugène Christophe fut le premier à le porter) pour aider à reconnaître sur la route du Tour de France le coureur classé en tête, a beaucoup contribué à revaloriser cette couleur. De l'Antiquité au XIXe siècle, en effet, l'histoire symbolique de la couleur jaune dans la civilisation occidentale est celle d'une longue et constante dévalorisation. En Grèce, à Rome, c'est une couleur appréciée, jouant un rôle important dans la vie sociale et dans les rituels religieux (spécialement le jaune qui tend vers l'orangé). Mais au

Moyen Age, le jaune s'est déjà fortement déprécié. Il est d'abord devenu couleur du mensonge et de la lâcheté. Puis couleur de la félonie ou de l'infamie. C'est la couleur de Judas et de tous les traîtres mis en scène par les chansons de geste (Ganelon) et par les romans de la Table Ronde (chevaliers félons). C'est aussi celle qu'en certaines régions on impose déjà aux exclus et aux réprouvés (juifs, mais aussi musulmans, lépreux, cagots, etc.) sous forme d'étoiles jaunes, d'écharpes jaunes, de pièces d'étoffe jaunes. Enfin, associé ou rapproché du vert, le jaune devient couleur du désordre et de la folie. Il n'existe qu'un seul bon jaune dans la sensibilité médiévale : l'or.

A l'époque moderne, sans rien perdre de ces caractères négatifs, bien au contraire, le jaune devient aussi la couleur de la maladie (et parfois de la mort), ainsi que celle des maris jaloux ou des maris trompés. Au XIXe siècle, dans la symbolique politique, le jaune est associé à l'idée de délation ou de trahison. En milieu ouvrier, notamment, c'est la couleur dont on affuble ceux qui trahissent le groupe auquel ils appartiennent, briseurs de grève, ouvriers refusant de prendre part à une action revendicative, syndicats jaunes au service du patronat pour s'opposer aux syndicats rouges partisans d'actions révolutionnaires. A la veille de la Première Guerre mondiale, parmi les six couleurs de base de la culture occidentale (blanc, noir, rouge, bleu, vert, jaune), cette dernière est partout en Europe la couleur la moins souvent citée lors des enquêtes d'opinion sur la notion de couleur préférée. Même le noir a plus d'adeptes (c'est encore le cas aujourd'hui).

Dès lors pourquoi avoir choisi le jaune pour signaler aux populations le coureur le mieux placé pour remporter la victoire dans le Tour de France ? La réponse est toute simple : le jaune était la couleur du papier sur lequel était imprimé le journal *L'Auto*, organisateur de la « Grande Boucle ». C'était l'un de ces jaunes pâles et ternes dont on usait alors pour colorer les papiers bon marché, destinés à des emplois éphémères et à une consommation de masse. Un jaune nullement valorisé ni valorisant. Et une simple opération publicitaire : mieux proclamer le lien entre le journal organisateur et l'épreuve cycliste déjà très populaire. Mais la magie du Tour de France allait bien vite opérer. Sitôt porté, ce maillot devint un objet fétiche, presque mythologique (alors qu'il n'avait pas encore d'histoire). Il donna naissance à un syntagme - *maillot jaune* - dont l'usage s'étendit rapidement non seulement en dehors du cyclisme mais aussi bien au-delà du domaine du sport. Il y eut et il y a encore des maillots jaunes dans la finance, dans l'économie, à l'université, etc. Avoir le maillot jaune signifie désormais partout « être en tête », quel que soit le type de compétition ou le mode de classement concerné. Du moins en France, car en Italie on use aussi de l'expression *maglia rosa* « maillot rose », par allusion à la couleur du maillot porté depuis 1923 par le coureur classé en tête du Tour d'Italie, le merveilleux Giro qui se déroule traditionnellement au printemps, quelques semaines avant le Tour de France.

Celui-ci a donc contribué à revaloriser la couleur jaune et à en faire la couleur de la victoire, voire de l'excellence. Ce n'est plus le jaune fané du papier du journal *L'Auto*, mais un jaune lumineux, éclatant, un nouvel or. Les enfants ne s'y trompent pas qui aujourd'hui, bien plus que les adultes, choisissent fréquemment le jaune comme couleur préférée.

Voir aussi *Code de la route, Feux tricolores, Jaune, Préférences, Ski, Sport.*

Mariée (robe de)

Jusqu'à une date relativement récente, se marier en blanc était pour les jeunes femmes un moyen de proclamer la pureté de leur conduite antérieure. La robe blanche était une récompense, à la fois morale et sociale, pour celles qui arrivaient vierges au mariage. Certes, dans certains cas, la récompense était usurpée, la morale bafouée, mais l'image sociale restait sauve. Le blanc de la robe signifiait que l'épousée était non pas une « oie blanche », c'est-à-dire une personne dont l'innocence confinait à la niaiserie, mais un lis virginal, pur et offert.

Les jeunes femmes européennes ne se sont pas toujours mariées en blanc. C'est même une mode qui n'est pas antérieure à la fin du XVIIIe siècle, et qui ne s'est imposée vraiment qu'au XIXe, lorsque les vieux systèmes de valeurs de la Réforme protestante et ceux de la Contre-Réforme catholique se sont rejoints pour donner naissance - une bien étrange naissance - à ce que l'on a appelé les « valeurs bourgeoises ». La robe blanche de la mariée est une valeur bourgeoise, même si elle s'est largement diffusée dans toutes les classes de la société, y compris, à une date relativement tardive, dans la société paysanne.

Auparavant, dans le monde rural, les mariées n'étaient pas vêtues de blanc mais de rouge, et ce pendant de longs siècles. Le blanc était certes le symbole de la pureté et de la virginité (il l'était déjà dans la culture biblique et dans la sensibilité antique en général) ; mais le jour de son mariage, la jeune épousée se devait non pas d'afficher sa virginité - celle-ci allait de soi - mais de revêtir sa plus belle robe. Or cette plus belle robe était presque toujours une robe rouge, pour des raisons liées à la chimie des colorants et aux techniques tinctoriales. Jusqu'au XIXe siècle, en effet, la teinturerie artisanale, travaillant presque exclusivement à partir de colorants végétaux, a toujours et partout eu beaucoup de difficultés pour bien faire pénétrer les couleurs dans les fibres du tissu. Ces couleurs étaient donc rarement « grand teint ». Sous l'effet de l'eau (pluie ou lavages), de l'air et du soleil, elles se décoloraient rapidement. D'où cet aspect terne, passé, « pisseux » qu'ont eu pendant longtemps les vêtements paysans en Europe occidentale. Qu'ils fussent bleus, verts, jaunes, noirs, blancs ou bruns. Mais pas rouges. Car dans la gamme des rouges, l'emploi de la garance - grande herbe dont les racines possèdent des propriétés tinctoriales connues depuis une haute Antiquité - donnait des résultats bien meilleurs que ceux obtenus avec le pastel (bleus), la gaude ou le genêt (jaunes), l'ortie et le bouleau (verts), le noyer (noirs), l'aulne (gris), etc. En employant les mêmes mordants, y compris les plus rudimentaires (tartre, urine, vinaigre), en utilisant les mêmes techniques, la garance pénétrait plus profondément dans les fibres textiles que n'importe qu'elle autre matière colorante végétale, et donc résistait mieux à l'eau, à l'air et à la lumière. Voilà pourquoi les vêtements d'apparat, surtout pour le costume féminin, à la campagne étaient si souvent des vêtements rouges. C'étaient ceux qui présentaient les tons les plus vifs, les plus stables et les plus saturés. En outre, le rouge était partout la couleur de la fête, du plaisir et de la joie.

Les mariées ont donc longtemps été des jeunes femmes vêtues de rouge. Puis de rouge et blanc. Puis de blanc. Aujourd'hui on se marie moins qu'autrefois. Mais quand on le fait, on préfère encore le faire en blanc. Non pas pour proclamer un état de virginité désormais rare mais, tout simplement, parce qu'en un siècle et demi le blanc est devenu (ou redevenu) la couleur archétypale du mariage.

Voir aussi *Bébés, Blanc, Draps, Médicaments, Rouge, Sous-vêtements.*

Marron

En français, l'adjectif *marron*, dérivé au XVIIIe siècle du nom du fruit désignant la grosse châtaigne (lui-même apparu au XVIe siècle et d'étymologie obscure) est devenu depuis quelques décennies d'un usage plus fréquent que brun, surtout dans la langue parlée. Il n'en recouvre cependant pas toute la palette et semble donc moins neutre. Il y a en effet dans marron non seulement l'évocation d'un brun rougeâtre analogue à celui des fruits du même nom, mais aussi l'idée d'un brun chaud et humide qui n'est pas sans rappeler les excréments. D'où cette connotation souvent péjorative dont se charge ce mot lorsqu'il désigne une nuance de couleur. Marron représente en quelque sorte les nuances désagréables ou vulgaires du brun. Du moins chez les adultes cultivés. Car les enfants ignorent souvent le terme *brun* (le temps n'est plus très loin où celui-ci n'appartiendra plus qu'à la langue savante) et se plaisent à employer un mot qui associe un fruit rond - donc ludique - et une couleur plus ou moins scatologique.

Dans la langue écrite, surtout quand elle est recherchée, il est de bon ton d'éviter l'adjectif *marron* (invariable lorsqu'il qualifie une couleur) et de désigner les nuances du brun chaud ou du brun rouge par des termes lexicalement plus choisis sinon chromatiquement plus précis : *acajou, auburn, chocolat, mordoré, caramel*, etc.

Voir aussi *Bas et collants, Cheval, Chocolat, Moutarde, Sépia.*

Médicaments

Dans la société contemporaine, il n'est rien de plus élaboré, de plus raffiné, de plus subtilement codé, qu'une boîte de médicaments. Les laboratoires pharmaceutiques investissent des sommes considérables pour les concevoir et les réaliser. Aucun autre type de produits - pas même les parfums et les cosmétiques (et pourtant...) - n'est conditionné, emballé, présenté, étiqueté avec autant de soin ni autant de goût.

Sur ces boîtes, la couleur joue un rôle discret mais fortement pensé. Le blanc domine et leur confère un aspect tout ensemble hygiénique, scientifique et bénéfique. Le blanc, c'est à la fois le savoir et la pureté. Souvent, les lettres indiquant le nom du produit, celui de la firme et la posologie, ne sont pas imprimées en noir, ce qui ferait avec le fond blanc un contraste trop marqué, trop agressif, mais en gris. C'est probablement sur ces emballages de médicaments, ou du moins sur certains d'entre eux, que l'on trouve aujourd'hui la palette de gris la plus séduisante et la plus nuancée. Ici ou là, quelques notes de couleurs mettent en valeur le logo du laboratoire pharmaceutique et, selon un code tacite mais efficace, signalent la nature et la fonction du produit contenu à l'intérieur. Dans la gamme des bleus s'inscrivent les calmants, les somnifères, les anxiolytiques. Dans celle des jaunes ou des orangés, au contraire, les fortifiants, les vitamines et tout ce qui peut redonner vigueur et tonus. Parfois, c'est une séquence arc-en-ciel - d'où le bleu peut avoir été retiré - qui remplit ce même rôle. Dans la sensibilité contemporaine, il y a en effet synonymie entre l'orangé et le polychrome, entre la couleur du soleil et celle de l'arc-en-ciel, tous deux sources ou signes de vie. Les beiges et les bruns sont plutôt réservés aux médications ayant pour objet la digestion ou l'appareil digestif. On évite cependant de leur accorder sur la boîte une présence trop marquée : le marron par exemple ne doit être que discrètement laxatif. Les tons verts correspondent à des usages et à des médicaments variés (ce qui souligne, une fois de plus, la totale polysémie de cette couleur). Autrefois, on ne l'employait que modérément (reliquat de la vieille idée selon laquelle le vert porte malheur ?), bien que le vert soit la couleur des apothicaires et du savoir pharmaceutique depuis la fin du Moyen Age. Aujourd'hui, la vogue écologique tend à en faire la couleur des médecines douces, de la phytothérapie et de certains produits parapharmaceutiques. Le vert c'est d'abord le végétal. Quant au noir, il doit absolument être évité, un médicament ne devant en aucun cas, c'est une évidence, être associé à la couleur de la mort. Même les charbons de notre enfance, destinés à soulager nos maux d'estomac ou d'intestin, étaient codés par une autre couleur (brun, jaune, gris). Reste le rouge, couleur qui doit elle aussi être maniée avec précaution. Elle peut, comme pour les confiseries, évoquer une saveur (fraise, framboise, groseille) propre à mieux faire avaler un comprimé ou un sirop destiné aux enfants. Elle peut signaler un effet antibiotique ou antiseptique, avoir un rapport avec le sang ou avec les plaies. Mais elle représente, aussi et surtout, la couleur du danger et de l'interdiction, celle qui met en valeur l'indispensable et effrayante mention : « Ne pas dépasser la dose prescrite ».

Voir aussi *Blanc, Incolore, Menthe, Ordures, Pharmacie.*

Menthe (bonbons à la)

Comment traduire en couleurs une intensité de senteur ou de saveur ? Comment construire une échelle colorée qui saurait exprimer pour l'œil une échelle olfactive ou gustative ? Ces questions se posent fréquemment dans le domaine de la parfumerie et, surtout, dans celui des industries alimentaires. Elles se rattachent à l'immense problème des synesthésies (interaction des différents sens) et se greffent sur celui de la couleur en tant qu'elle est étiquette, marque, signal.

Malgré l'existence de normes et de codes très élaborés, l'empirisme en ce domaine règne partout, même quand il s'agit d'un même produit et de la même saveur ou du même parfum. Prenons l'exemple des bonbons à la menthe et de la saveur mentholée (qui depuis l'Antiquité joue un rôle considérable dans la sensibilité occidentale). Quelle est la couleur qui va traduire sur le bonbon et/ou sur son emballage l'idée de menthe douce ? de menthe forte ? de menthe « glaciale » ? Les réponses varient d'une marque à l'autre, d'une décennie à l'autre et même, pour une seule marque, d'un pays à l'autre. En France, les menthes douces sont généralement vertes, les menthes fortes bleues et les menthes glaciales, blanches. Mais parfois le vert n'est pas disponible parce qu'il exprime un autre parfum, plus ou moins médicinal, perçu (à tort) comme proche de la menthe : pin, verveine, eucalyptus, etc. Les menthes bleues deviennent alors des menthes douces en lieu et place des vertes, et ce sont des colorants gris-bleu qui assurent le passage gradué entre le bleu et le blanc. Parfois, au contraire, le bleu ne traduit pas un en deçà mais un au-delà du blanc, un blanc plus blanc que blanc, une « super-menthe » en quelque sorte.

En Allemagne, en Italie et au Canada, ce n'est pas le cas : les menthes bleues sont en général les plus douces, et c'est le vert qui peut (pas toujours) représenter le pôle superlatif du blanc. En Scandinavie, les menthes douces sont souvent jaunes ou jaunâtres ; les menthes fortes, blanches ; très fortes, bleues. L'échelle des degrés de menthe est ici la même que celle de la fraîcheur, du froid et de la glace : le jaune pâle ou le vert y sont des demiblancs et le bleu, un « super-blanc ». Parfois, il y a même un au-delà du bleu : le noir, vieux reliquat de tous les systèmes anciens de la couleur, qui classaient celles-ci non pas dans l'ordre du spectre (les expériences de Newton ne datent que de la seconde moitié du XVIIe siècle) mais sur un axe dont les pôles extrêmes étaient le blanc et le noir (et le palier intermédiaire, le rouge !). La palette de la menthe, quel que soit le nuancier qu'elle adopte, reflète pleinement ces anciennes classifications des couleurs. Elle rappelle combien la classification spectrale n'est qu'une classification parmi d'autres et comment elle n'a pas (heureusement) envahi tous les domaines de notre vie quotidienne ni de notre sensibilité.

Voir aussi *Blanc, Bleu, Cigarettes, Médicaments.*

Métonymie

Tout le monde sait qu'entre la couleur réelle et la couleur nommée, l'écart peut être considérable. Ce n'est pas parce qu'un texte nous dit que tel objet est rouge que cet objet est vraiment rouge. Cela ne veut pas dire non plus qu'il ne l'est pas. Mais les problèmes ne se posent pas ainsi.

Une raison fréquente de ces écarts relève de la figure de style que l'on appelle métonymie, principalement lorsque celle-ci consiste à prendre la partie pour le tout. Dans une maison dont toutes les chambres sont tendues de bleu, on appellera *chambre jaune* celle des chambres qui se distingue des autres par un petit galon jaune situé en haut de l'immense tapisserie bleue. Croire que l'expression *chambre jaune* désigne ici une pièce entièrement et réellement jaune serait donc une erreur. Semblablement, je me souviens que naguère mon père qualifiait de *valise verte* celle de ses deux valises de toile bleue dotée, en guise de renfort, d'une étroite bande verte (l'autre portant une bande bleu marine).

La vie quotidienne, la correspondance, les activités professionnelles, le droit, la littérature, la publicité, etc. produisent de très nombreux textes où la couleur décrite d'un objet ne correspond que très partiellement (voire pas du tout) à sa couleur réelle. Historiens et sociologues feraient bien de s'en souvenir pour ne pas prendre à la lettre et interpréter fautivement une information qui souvent ne vise nullement à dire le vrai (ou bien qui le dit autrement). Et ce, qu'ils fassent porter leurs enquêtes sur l'époque contemporaine ou sur des époques plus anciennes.

Voir aussi *Aveugle, Beige, Daltonisme, Nom, Vin.*

Métro

1. Le métro constitue un lieu privilégié pour observer de nombreux comportements en matière de couleurs. C'est dans le métro, par exemple, que l'observateur aura sous les yeux la palette vestimentaire la plus proche des couleurs réellement portées par la population urbaine. C'est là qu'il sentira le mieux l'écart immense pouvant exister entre ces couleurs quotidiennes dont se vêtent les habitants d'une grande ville, et les couleurs oniriques des vêtements présentés dans les vitrines et dans les magazines. C'est là aussi qu'il constatera combien le bleu - quoi qu'en disent les stylistes et les couturiers - reste de loin la couleur la plus portée dans les grandes métropoles occidentales, et ce aussi bien par les femmes que par les hommes, par les enfants que par les adultes. Couturiers,

sociologues et journalistes devraient prendre plus souvent le métro.

2. La signalisation par la couleur joue dans le métro un rôle très important, souvent plus important que dans le train ou dans l'avion. Sur les plans qui aident les voyageurs à s'orienter, et qui en raison de l'abondance des informations qu'ils doivent fournir obéissent à une cartographie extrêmement rigoureuse, l'emploi de la couleur est le seul moyen efficace pour ne pas confondre les différentes lignes. D'où la nécessité d'une palette diversifiée dans les villes au réseau dense et aux lignes nombreuses (Londres, Berlin, Paris). Il serait du reste intéressant de connaître quand et pourquoi telle couleur a été attribuée à telle ligne (je ne crois guère à l'arbitraire des signes, ni ici ni ailleurs) et si les voyageurs connaissent vraiment les couleurs des lignes qu'ils fréquentent. En outre, derrière les impératives contraintes visuelles et la nécessité d'éloigner sur le plan des colorations trop proches, existe-t-il des systèmes récurrents, comme par exemple des couleurs nord-sud et des couleurs est-ouest ? Ou bien des couleurs pour lignes traversant les quartiers bourgeois et d'autres pour celles limitées aux quartiers pauvres (brun, orangé, violet ?) ? Surtout, y a-t-il des évolutions au fil des décennies, les nouvelles techniques de représentation cartographique pouvant modifier brutalement la couleur signalétique attribuée à une ligne (parfois, comme à Londres, depuis plus d'un siècle) ? Les voyageurs ont-ils conscience de ces mutations ? En sont-ils affectés ? scandalisés ?

Autant de questions qui sont loin d'être anecdotiques et qui attendent d'être étudiées.

3. De même, l'histoire des couleurs distinguant les premières des deuxièmes classes (voire des troisièmes classes) reste à faire pour le métro comme pour tous les autres moyens de transport. Ce serait pourtant une histoire instructive : quel couple de couleurs a-t-on choisi,

ici ou là, pour articuler cette distinction ? Quelles sont les couleurs les plus fréquentes pour les premières classes et pour les deuxièmes classes ? Les systèmes se retrouvent-ils parfois d'une ville à l'autre ? d'un moyen de transport à un autre ? Y a-t-il un lien entre la couleur des billets et celles des wagons de la classe correspondante ? Ces codes - qui aujourd'hui tendent à se faire plus discrets - ont-ils contribué, de manière latente et plus ou moins pernicieuse, à valoriser certaines couleurs et à en dévaloriser d'autres ? Que penser, en cette matière, du ticket bleu-vert de la R.A.T.P. ?

4. Pour terminer cette courte notice, je souhaiterais apporter un témoignage sur un comportement de voyageurs apparemment anecdotique mais qui souligne en fait combien la couleur n'est jamais neutre, combien elle est toujours chargée de connotations idéologiques et symboliques qui, bien plus que ses prétendus effets physiologiques, conditionnent nos choix et nos conduites. A Paris, au début des années 1980, sur la ligne B du R.E.R. (ancienne « ligne de Sceaux »), furent mis en place des wagons neufs, à l'intérieur desquels, pour les deuxièmes classes, alternaient des banquettes rouges et des banquettes bleues. J'ai pu observer qu'aux heures creuses, c'est-à-dire lorsque les voyageurs étaient libres de choisir leur place, personne ou presque n'allait s'asseoir sur les banquettes rouges. Comme si cette couleur - celle du danger, de l'interdiction et des tabous (mais aussi de la transgression des tabous) - faisait peur, ou du moins paraissait moins neutre que le bleu. L'esprit d'initiative m'a alors manqué pour observer sociologiquement les voyageurs qui, en ces heures de faible affluence, osaient poser leurs fesses sur les banquettes rouges. Nul doute qu'une telle enquête aurait été pertinente.

Cela est d'autant plus regrettable qu'aujourd'hui, l'usure, la crasse et la détérioration desdites banquettes rendent difficile, pour l'observateur comme pour le simple voyageur, la distinction entre le bleu et le rouge. Attendons leur renouvellement et prenons alors de vitesse le vandalisme pour faire œuvre d'ethnologue de la couleur dans le métro.

Voir aussi *Bleu, Code de la route, Rouge, Ski, Vêtement.*

Moutarde

Quelle est la plus laide de toutes les couleurs ? A cette question la réponse est de nos jours presque unanime : c'est la couleur qui se situe à peu près à mi-chemin entre le jaune, le vert et le brun, celle que l'on appelait autrefois *caca d'oie*, plus récemment *kaki*, et qu'aujourd'hui l'on qualifie plutôt de *moutarde*. Il s'agit d'une couleur jaunâtre, tirant sur le brun, avec une pointe plus ou moins dense de vert sale. En Occident (mais pas en Asie ni en Afrique), tout le monde, ou presque, semble ressentir une impression désagréable devant une telle nuance, dont les siècles passés ont fait très peu usage et que les sociétés européennes n'ont véritablement mis en scène que dans la seconde moitié du XIXe siècle (l'uniforme de l'armée anglaise des Indes étant imité, dès 1870-1880, par plusieurs armées continentales). On lui trouvait en effet deux vertus essentielles pour vêtir les militaires : être peu voyante et peu salissante.

Cette disgracieuse couleur moutarde (l'emploi adjectivé du mot apparaît en français dès 1780) se situe dans l'héritage de l'ancienne couleur tanné (sorte de brun-roussâtre, mâtiné de jaune) que plusieurs traités de blason de la fin du Moyen Age présentaient comme « la plus laide de toutes les couleurs » et qui s'est conservée dans l'héraldique anglaise (*tawney*, tanné). Sous l'Ancien

Régime, ce tanné, qui n'est pas entièrement assimilable au roux ni au fauve, reste fort déprécié. Mais en 1751, par une sorte de rituel d'inversion dont les codes vestimentaires sont coutumiers, il devient subitement une couleur en vogue à la cour de France, sous l'appellation fort poétique de *caca-dauphin* (on fête cette année-là la naissance du jeune Louis, duc de Bourgogne, petit-fils de Louis XV et frère aîné du futur Louis XVI). Cette expression est encore attestée plus d'un siècle plus tard sous la plume de Verlaine et des frères Goncourt, à côté d'autres expressions moins scatologiques mais tout aussi colorées : *fleur de soufre, gorge de pigeon, boue de Paris, pluie de roses.*

Il est permis de se demander pourquoi notre sensibilité se sent perturbée, sinon agressée, par la nuance moutarde des tons jaunâtres ou brunâtres (tons qui aujourd'hui sont de plus en plus utilisés par l'industrie, parce qu'ils continuent de passer pour peu salissants). Ce n'est évidemment ni un problème biologique ni un problème optique, mais bien un problème culturel (aux Indes, en Chine, au Japon, en Afrique centrale, cette couleur est appréciée et valorisante). Lorsque nous regardons cette coloration moutarde, nous souvenons-nous de l'aigreur du condiment ? de l'odeur des matières fécales ? des nauséabonds et douloureux cataplasmes de notre enfance ? Voyons-nous encore, comme les hommes du Moyen Age, quelque chose de piquant ou de maladif dans cette nuance ? Ou bien l'associons-nous à l'uniforme des soldats et donc aux horreurs de la guerre ?

Tenter de répondre à ces questions c'est poser l'immense - et insoluble ? - question de la perception culturelle des couleurs.

Voir aussi *Marron, Orange, Papier hygiénique.*

Noir

Voici comment pourrait se présenter un tableau résumant les différentes fonctions et significations de la couleur noire dans la culture occidentale, telles qu'elles sont évoquées dans les notices du présent dictionnaire :

1. Couleur de la mort :
• Enfer, diable, ténèbres.
• Deuil, rituels funéraires : vêtements et tissus noirs.
• Couleur du malheur (« un jour noir », etc.).

2. Couleur de la faute, du péché, de la malhonnêteté :
• Contraire du blanc, symbole de pureté et de virginité ; couleur de ce qui est sale et souillé (crasse, poussière).
• Couleur de la haine. Drapeau noir. Anarchie. Nihilisme. « Chemises noires ». Violence, fascisme, totalitarisme.
• Punition, prison, cachot, cabinet noir.

3. Couleur de la tristesse, de la solitude, de la mélancolie :
• Pensées noires, sombres. Idées noires. Broyer du noir.
• Adolescents qui aiment le noir (cf. la mode vestimentaire).
• Couleur des personnes âgées, de la vieillesse, de la fin (alors que le blanc est la couleur des commencements).
• Couleur de la peur. Film noir. Roman noir. Atmosphère noire.

4. Couleur de l'austérité, du renoncement, de la religion :
• Vêtements ecclésiastiques (séculiers, réguliers). Les « corbeaux ». Couleur de l'humilité, de la modestie, de la tempérance.
• Austérité protestante. Puritanisme : Henry Ford qui ne veut vendre que des voitures noires.
• Couleur de la foi, de la bigoterie.

5. Couleur de l'élégance et de la modernité :
• Le costume noir, la cravate noire, la petite robe noire.
• Les tenues de cérémonie. Les objets de luxe. Profondeur et richesse.
• Les artistes qui aiment le noir (ou le noir et blanc). Design, avant-garde, etc. Paquets et emballages raffinés.

6. Couleur de l'autorité :
• Arbitres de sport, juges, surveillants.
• Autrefois : militaires, pompiers, policiers.

Nom

Le nom de la couleur c'est aussi de la couleur. C'est peut-être même l'élément qui conditionne avec le plus de force nos goûts et nos choix chromatiques. Dès qu'il s'agit de couleurs, nous sommes prisonniers du langage et des faits de lexique. Dans la vie sociale, la couleur nommée semble souvent jouer un rôle plus important que la couleur perçue. Dans la vie affective, c'est presque toujours le cas, car c'est la couleur nommée qui est chargée du plus grand pouvoir onirique et mythologique. Dire qu'une robe est rouge est toujours plus riche de rêves et d'associations que de regarder coitement une robe rouge sans évoquer aucun nom de couleur. Au reste, ne pas nommer, au moins mentalement, la couleur perçue est presque impossible. Le nom de la couleur fait partie intégrante de sa perception. Celle-ci ne se réduit pas à un simple processus biologique. Au contraire, elle active et sollicite notre mémoire, notre savoir, notre imagination. Voilà pourquoi nous ne pouvons pas nous empêcher de mettre un nom sur les couleurs qui passent sous nos yeux, même lorsque ce sont des nuances qui nous sont peu familières, même quand nous ne connaissons pas le vocable qui permettrait de les qualifier avec précision. Nous cherchons toujours plus à nous référer à des lexiques qu'à des palettes ou à des nuanciers. Même si nous sommes peintres !

A ce sujet, je souhaiterais rapporter le témoignage exemplaire du responsable du rayon des peintures à l'huile chez le plus grand marchand parisien de produits pour artistes. Dans le magasin, le vendeur fait toujours choisir le client à partir d'un nuancier sur lequel n'est porté aucun nom, seulement des taches de couleurs. Lorsque le client a fait son choix et montré du doigt sur le nuancier la couleur qu'il souhaite acheter, le vendeur nomme cette couleur ; il nomme aussi les couleurs voisines, celles situées plus à gauche ou plus à droite. Or quand le client a entendu le nom de la couleur qu'il a choisie et celui des couleurs qui l'entourent sur le nuancier, il n'est pas rare qu'il modifie son choix. Le nom prononcé par le vendeur a un pouvoir d'évocation tellement fort qu'il change la perception par le client des différents tons présents sur le nuancier.

Ces liens serrés, inextricables, entre les faits de perception et les modes de nomination sont bien connus des linguistes. Ils ont déjà suscité dans l'Antiquité et au Moyen Age des remarques pertinentes chez les philosophes « nominalistes ». Les sociétés anciennes semblent du reste plus conscientes de ces problèmes que les sociétés contemporaines. Les historiens de la peinture feraient bien de les garder à l'esprit lorsqu'ils cherchent à comprendre pourquoi tel artiste, pour telle zone ou tel élément de son tableau, a employé telle couleur plutôt que telle autre. Son choix ne s'est peut-être pas fait à partir de considérations concernant la tonalité, la luminosité ou la saturation de cette couleur, mais à partir du nom servant à la désigner (à cette époque, dans cette région, dans cet atelier), voire du nom du pigment servant à la fabriquer. Ces noms ont toujours leur musique et leur symbolique propres, et celles-ci sont souvent plus suggestives que celles des colorations qu'ils désignent.

Voir aussi *Beige, Métonymie, Moutarde, Synonymes, Vin.*

Nuit

De quelle couleur est la nuit ? Polychrome, bien sûr. En français, la plupart des adjectifs de couleur peuvent être apposés au mot *nuit* et former un syntagme ayant un sens précis et intelligible par tout le monde. Une *nuit blanche* c'est une nuit que l'on passe sans parvenir à dormir, sans pouvoir « fermer l'œil ». Une *nuit noire* c'est une nuit sans lune ; l'obscurité est telle que l'on n'y voit à peu près rien et que « tous les chats sont gris » ; ce peut être aussi une nuit où l'on a fait des cauchemars. Inversement une *nuit rose* c'est une nuit où l'on a bien dormi et fait des rêves agréables (dans quelques textes du siècle dernier, on rencontre l'expression *nuit bleue* dans le même sens). Une *nuit verte* (l'expression est tombée en désuétude) c'était aux XVIIe et XVIIIe siècles une nuit consacrée à l'amour, au jeu, au plaisir. Une *nuit rouge* c'est une nuit sanglante, remplie de crimes et de dangers. Une *nuit bleue* c'est devenue aujourd'hui une nuit où la poudre a parlé, où la pègre s'est entretuée, où les poseurs de bombes ont fait sauter voitures, trains, bâtiments. Seule l'expression *nuit jaune* n'existe pas ; on lui préfère *nuit claire* pour qualifier la nuit joliment illuminée par la lune et les étoiles.

Dans l'imaginaire et dans les codes iconographiques, la nuit est moins colorée, moins bariolée que dans le vocabulaire. Elle est presque toujours sombre : noire, grise, brune, bleue surtout. Dans l'image, en effet, la nuit est bien plus souvent bleue que noire. C'était déjà le cas dans l'enluminure et dans la peinture du Moyen Age, et c'est encore largement le cas dans l'affiche publicitaire, dans le livre pour enfants (mais pas dans les dessins d'enfants, qui font presque toujours la nuit noire trouée de jaune) et dans la bande dessinée. Un bleu certes foncé , un bleu nuit même, mais un bleu nettement distinct du noir. Au reste, ce lien entre la nuit et la couleur bleue est fort bien souligné par cette expression *bleu nuit*, qui existe dans d'autres langues (*Nacht-blau, night blue*) mais qui ne se rencontre pas pour les autres couleurs. Non seulement on ne dit pas *rouge nuit* ni *vert nuit* pour qualifier des tons rouges ou verts très foncés, mais on ne dit pas non plus *brun nuit* ni, surtout, *noir nuit*. En revanche, on disait autrefois *couleur de nuit* pour qualifier un gris très sombre, presque noir, et l'on avait recours aux expressions *à la brune* ou *sur la brune* pour désigner le crépuscule (souvent utilisées par La Fontaine, ces expressions abondent encore dans la poésie romantique). Comme si le brun constituait ici le palier ordinaire précédant le noir (ou le… bleu : j'ai en effet toujours été frappé par la sonorité « bleue » et non pas marron de l'adjectif féminin brune !).

Voir aussi *Black, Cochon, Ivresse.*

Olympiques (anneaux)

La série des cinq anneaux, symbolisant les cinq continents et donc l'universalité du mouvement olympique, fut définitivement adoptée entre 1912 et 1914 et flotta pour la première fois sur le drapeau olympique aux jeux d'Anvers, en 1920. Trois couleurs semblent avoir été choisies en vertu de considérations ethniques (faut-il dire « racistes » ?) : le noir pour l'Afrique, le jaune pour l'Asie, le rouge pour l'Amérique. Deux autres sont plus délicates à interpréter. Le bleu, qui est associé à l'Europe - choisir le blanc, selon le principe ayant prévalu pour les trois anneaux précédents, aurait peut-être été perçu comme une provocation - est sans doute un bleu historique et culturel : c'est celui de la civilisation occidentale, celui dont les musulmans (depuis le Moyen Age) et les Extrême-Orientaux (depuis le XVIe siècle) ont fait la couleur symbolique des chrétiens ; c'est aussi celui dont la culture européenne a progressivement fait sa couleur préférée et la première de ses couleurs (depuis le XVIIIe siècle au moins) dans bon nombre de codes et de systèmes sociaux ; c'est enfin celui qui, plus tard, prendra place dans le drapeau du Conseil de l'Europe et dans les emblèmes de la plupart des institutions européennes. Il ne faut donc pas s'étonner que, dès avant la Première Guerre mondiale, l'Europe soit associée à la couleur bleue.

Reste le cas du vert de l'Océanie. Quelle relation privilégiée a-t-on pu mettre en avant pour justifier le choix de cette couleur pour ce continent ? Pour ma part, je n'en vois guère. Et plutôt qu'un choix motivé, je pencherais pour un choix « par soustraction », effectué en dernier, une fois le blanc éliminé et les quatre autres couleurs déjà attribuées. Couleur restante, le vert a été donné au cinquième et dernier continent (au sens géographico-historique que les Européens donnent à ce terme, l'Océanie étant le dernier continent qu'ils aient « découvert »). Mais je me demande quel type d'explication les graphistes et les doctes membres du Comité international olympique (ou ce qui en tenait alors lieu) ont bien pu avancer pour tenter de légitimer, a posteriori, ce choix de la couleur verte.

Voir aussi *Judo, Ski, Sport*.

Or

L'or est à la fois une matière, une lumière et une couleur. Dans certains pays il est intégré aux enquêtes d'opinion sur les couleurs préférées et les couleurs mal aimées (ce qui curieusement n'est pas le cas de l'argent). Cela permet de dresser une géographie du goût pour l'or, du moins en tant que coloration. A l'échelle de l'Europe, cette géographie est en gros celle que l'on attend : les pays du Sud ont une certaine attirance pour l'or et pour le doré que ne partagent pas les pays du Nord. Le clivage est du reste plus culturel que proprement géographique ; il n'est pas tant affaire de luminosité, de climat ou de Méditerranée que de tradition et de religion : l'or est admiré ou accepté dans les pays catholiques (comme il l'est dans les pays musulmans), il est plus ou moins rejeté dans les pays protestants.

A ces clivages géographiques et culturels s'ajoutent partout des clivages sociaux. Contrairement à ce que l'on pourrait croire, la fascination pour l'or n'est pas le fait de l'aristocratie ou de la grande bourgeoisie mais au contraire des petits-bourgeois, des parvenus et même des classes défavorisées. Quant au doré - qui n'est pas seulement un ersatz de l'or mais qui souvent constitue une véritable couleur - il est toléré, recherché ou admiré par les classes modestes pour ce qui concerne le vêtement, l'ameublement, le décor intérieur ou les objets de la vie quotidienne, mais il est abhorré par les couches supérieures de la société pour lesquelles il représente « la vulgarité absolue ».

Orangé

Pourquoi les tons orangés, qui peuvent être si séduisants lorsqu'ils sont produits par la nature, sont-ils souvent si vulgaires lorsqu'ils sont fabriqués par l'homme ? Qu'y a-t-il dans la couleur orange des fleurs et des fruits qui soit à ce point inimitable ? Pourquoi l'écart entre la couleur naturelle et la couleur artificielle est-il plus grand pour la gamme des nuances orange que pour n'importe quelle autre gamme de couleur ?

Les artistes ne savent pas vraiment répondre à ces questions. Mais ils ont pleinement conscience de la laideur des tons orange qu'ils produisent. Cette couleur, en effet, est - comme déjà au Moyen Age - la plus souvent citée (avec le marron) lorsque l'on fait des enquêtes d'opinion sur la couleur la moins aimée dans la société occidentale. Avec une belle régularité, l'orangé - qui peut cependant être signe de santé et de dynamisme - vient toujours en dernier ou en avant-dernier sur l'échelle des préférences.

Voir aussi *Médicaments, Moutarde, Rose, Violet.*

Ordinateur

Fréquentes sont les publicités qui vantent le nombre de couleurs qu'un ordinateur et ses périphériques peuvent reconnaître, mémoriser, travailler, reproduire. Au fil des années on est ainsi passé de 16 niveaux de gris à 256 couleurs, puis à 64 000 couleurs, à 512 000 couleurs, et aujourd'hui à plusieurs millions voire dizaines de millions de couleurs. Cela a-t-il un sens ? Pour la machine et la technologie, peut-être (encore que ...). Pour l'utilisateur, certainement pas. Une nuance de couleur que l'être humain ne peut ni nommer ni distinguer des nuances qui l'entourent, est une nuance qui n'existe pas. Or l'œil humain ne peut vraiment distinguer avec certitude qu'une petite centaine de nuances (peut-être deux cents chez les sujets particulièrement performants) et le lexique ne permet que d'en nommer quelques dizaines. Que peuvent bien être 64 000 couleurs ? 512 000 couleurs ? des millions de couleurs ? De tels chiffres ont-ils une quelconque signification ?

Si l'on oublie que la couleur n'a pas d'existence par elle-même, on ne comprend absolument rien aux problèmes historiques, sociaux, culturels, esthétiques, psychologiques et symboliques qu'elle soulève. Une couleur n'a d'existence que si elle est perçue par le couple œil-cerveau d'un être humain et, surtout, que si elle est individualisée par une culture, un vocabulaire, des pratiques sociales qui lui donnent son nom et son sens. Ce n'est pas la nature qui fait la couleur, encore moins la science ou la technique ; c'est la société.

Ordures

Nous avons des ordures une image sombre, grise, brunâtre, noirâtre. Or quand nous regardons une décharge ou un dépotoir, les couleurs qui dominent sont des couleurs claires. Parmi elles, les blancs l'emportent même souvent sur toutes les autres. A cela diverses raisons dont la principale vient de ce que dans un tas d'ordures ménagères, les papiers et les emballages sont majoritaires. Pour faire propre, pour paraître hygiéniques au moment de la vente, ces emballages, sacs, cartons, boîtes, poches, etc. sont très fréquemment blancs ou de couleurs claires ; couleurs qu'ils gardent (un certain temps du moins) au milieu des immondices, surtout s'ils sont en plastique ou fabriqués dans un matériau non périssable. L'écart est donc grand entre l'imaginaire que nous avons des ordures - hérité des sociétés anciennes, où l'absence d'évacuation et de traitement finissait par tout transformer en bruns et en gris - et la réalité colorée des ordures contemporaines.

L'écart est grand également entre la couleur des ordures et celle des poubelles. Il ne faut plus aujourd'hui, comme on le faisait autrefois, confondre chromatiquement contenant et contenu. Les couleurs ne sont plus grises ni métalliques comme elles l'étaient à l'âge de nos parents et de nos grands-parents. Elles ne sont plus beiges ou marron comme elles l'étaient il y a encore deux ou trois décennies. Elles sont désormais vertes, bleues, jaunes, rouges, lumineuses, colorées, saturées. Il faut les voir de loin. Il faut les rendre gaies, propres, attirantes, séduisantes même. Il faut qu'elles invitent à être utilisées, et que le geste qui consiste à jeter quelque chose à la poubelle soit un geste de plaisir ou de jeu, et non pas de dégoût. Il faut aussi éviter de confondre les poubelles avec d'autres objets. D'où ces couleurs vives et franches qu'ont souvent les poubelles contemporaines, qu'elles soient publiques ou privées.

Dans cette palette renouvelée, les couleurs froides dominent, principalement le vert. Les préoccupations écologiques en ont fait (récemment) non seulement la couleur de la nature - ce qui pendant des millénaires n'a pas été le cas, contrairement à ce que l'on pourrait croire - mais aussi celle de l'hygiène et de la santé. Certaines villes, comme Paris, ont donné l'exemple en installant partout des poubelles vertes, en faisant peindre en vert les bennes à ordures et les camions nettoyeurs, en habillant de vert les éboueurs et les préposés au balayage, puis en demandant aux habitants de s'équiper, individuellement ou collectivement, de poubelles de couleur verte. Ce sont elles que l'on voit, le soir ou le matin, sagement alignées sur les trottoirs. A Paris - et ailleurs - le vert est devenu dévoreur de déchets, de débris et d'immondices. Il symbolise la guerre contre la fange et la souillure. Contre la maladie aussi. Il est devenu, après le blanc, couleur de la pureté, la plus hygiénique des couleurs contemporaines.

Le bleu le suit de près, dans un rôle voisin. Il s'est spécialisé dans la coloration des sacs poubelles en plastique, surtout ceux de petite taille, destinés aux ordures ménagères et aux usages quotidiens. D'où cette interrogation : pourquoi un tel recours aux couleurs froides pour exprimer aujourd'hui, dans les villes occidentales, l'idée de propreté, d'hygiène, d'assainissement ? Le vert et le bleu sont-ils plus propres ? Nettoient-ils mieux ? Le froid a-t-il des vertus plus assainissantes que le chaud (mais pourtant on brûle les ordures) ? Tue-t-il mieux les microbes ? Prévient-il plus efficacement les maladies ? Est-ce l'image des pays froids, plus propres, plus salubres, plus paisibles (plus « protestants » aussi), qui transfère aux couleurs froides une telle réputation ? Qu'en est-il des cultures non occidentales ? Quelles sont les couleurs de la propreté au Japon ? aux Indes ? en Afrique noire ?

Tenter de répondre à ces questions devient urgent, car le problème des ordures est aujourd'hui d'une telle ampleur que l'on ne parvient plus ni à le traiter ni à le penser globalement. Il y a dorénavant ordures et ordures. Celles qui se composent de matériaux organiques, périssables. Celles qui peuvent être récupérées, transformées, réutilisées. Celles enfin dont on ne peut rien faire et qui sont à peu près inéliminables. D'où la nécessité de trier. Or qui dit tri, dit codes et étiquettes, dit couleurs. C'est pourquoi, dans certaines grandes villes d'Europe septentrionale, sont récemment apparues des poubelles de couleurs différentes, destinées à recevoir des catégories d'ordures différentes. En Allemagne, pays pionnier en ce domaine, la collecte des ordures ménagères utilise la distribution de couleurs suivante : poubelles rouges pour les métaux ; oranges, pour les plastiques (on notera le lien entre la plus laide des couleurs et le plus laid des matériaux) ; bleues, pour les papiers ; vertes, blanches ou brunes, pour les verres selon leur coloration.

Voir aussi *Blanc, Draps, Médicaments, Papier hygiénique, Pharmacie.*

Orthographe

Les subtilités et les incohérences de l'orthographe française s'expriment dans bien des domaines. Mais c'est peut-être dans la règle d'accord des adjectifs de couleur qu'elles atteignent une sorte d'apogée. En principe, les noms de végétaux ou de minéraux employés comme termes de couleur restent invariables, sauf si cet emploi adjectivé est ancien et fréquent. Ainsi *rose, violet* et même *orange* peuvent-ils s'accorder en genre et en nombre avec le substantif ou le pronom qu'ils qualifient, comme n'importe quel adjectif : « des joues roses », « des étoffes violettes », « des cahiers oranges ». Pour certains mots d'utilisation plus récente dans le vocabulaire chromatique, la règle est parfois hésitante. Si des mots comme *crème, ivoire, paille* ou *jade* restent presque toujours invariables, d'autres comme *cerise, pourpre, émeraude, incarnat* s'accordent ou ne s'accordent pas selon qu'ils sont employés par tel auteur ou par tel autre : « des robes cerise(s) », « des gants paille(s) », « des teints incarnat(s) ». Certains termes présentent l'extravagante particularité de s'accorder en nombre mais pas en genre. Ainsi on ne dira pas « des vaches marrones » mais on écrira sans problème « des chapeaux marrons » et même - illogisme suprême - « des chaussures marrons » (même remarque pour *citrons* et *citrones*).

Quant aux adjectifs composés, ils sont le plus souvent invariables afin de ne pas briser le syntagme et l'unité sémantique qu'ils constituent : « des chemises gris bleu », « des écharpes rouge vif », « des tapis vert olive », « des chaussettes bleu foncé ». Mais il existe un certain nombre d'exceptions du type « des robes pie-noires », « des tentures rouges et or ».

Voir aussi *Marron, Nom.*

Papier hygiénique

Si le papier hygiénique était vraiment hygiénique, il serait uniquement blanc ou vert, les deux couleurs de l'hygiène. Or il n'en est rien. Aujourd'hui les papiers hygiéniques peuvent être de toutes sortes de couleurs, s'exprimant le plus souvent par des tons pastels : rose, lavande, pervenche, parme, mauve, lilas et même gris perle. Ces tonalités ont remplacé les anciennes teintes écrues, beiges ou bistres, utilisées autrefois, pour des motifs tout autant économiques (il s'agissait de papiers fabriqués au moindre coût) que symboliques (les zones et les matières qu'ils étaient destinés à essuyer étant fort peu nobles et s'inscrivant dans la gamme des bruns).

Pourquoi, lorsque l'on a décidé de faire plus soigné et plus séduisant cet outil de la vie quotidienne, n'est-on pas passé de ces teintes beiges ou bistres à la seule et unique couleur blanche, la plus pure et la plus salubre ? Probablement parce que fabriquer du papier blanc coûte plus cher et est plus difficile que de fabriquer du papier rose, mauve ou bleu ciel. D'où la valorisation du papier hygiénique blanc, qui représente aujourd'hui le haut de gamme. Il est du reste difficile à trouver. Souiller par d'abominables matières fécales ce blanc immaculé est un luxe que l'on n'a l'occasion de s'offrir que dans les maisons et les hôtels de prestige. Ailleurs on se contente des couleurs pastels, tellement utilisées sur tous supports depuis le début de notre siècle pour connoter la fraîcheur et la propreté qu'elles finissent par avoir du mal à remplir ce rôle. Loin de s'associer aux notions de fraîcheur et de propreté, les tons pastels suscitent désormais des impressions souvent désagréables, évoquant quelque chose de pauvre, de triste, de « pisseux » (le comble pour du papier hygiénique !) ou de pas frais. D'autant que ces tons vieillissent mal. Ils ont parfois plus l'air de souiller que d'assainir.

Peut-être cela est-il dû à l'usage que l'on en fait dans les toilettes ?

Voir aussi *Baignoire, Draps, Marron, Ordures.*

Petit chaperon rouge (le)

Dans l'analyse du conte *Le Petit chaperon rouge*, l'une des questions essentielle concerne la couleur : pourquoi rouge ? Mais cette question, bien peu de chercheurs se la sont posé. Il s'agit pourtant d'un conte surétudié, sur lequel nous savons tout, ou presque, notamment qu'il remonte très haut dans la culture orale du Moyen Age occidental (il est documenté dans la région de Liège aux environs de l'an mille sous le titre *La petite robe rouge*). Mais, comme toujours, demeure obscur le problème de la couleur. Pourquoi rouge ?

On pourrait pour commencer avancer quelques explications banalement symboliques : le rouge annonce la cruauté du loup, le meurtre de la grand-mère, le sang qui va couler. C'est un peu court, même en affirmant que le loup c'est le Diable. En étant quelque peu anachronique, on pourrait oser une interprétation psychanalytique : ce rouge est celui de la sexualité ; la petite fille a très envie de se retrouver dans le lit avec le loup. C'est là une interprétation amusante, excitante même ; mais dans la symbolique médiévale des couleurs le rouge a-t-il vraiment toujours eu une connotation sexuelle. Rien n'est moins sûr.

Les explications de type historique sont plus solidement fondées mais elles nous laissent plus ou moins sur notre faim : vêtir les jeune enfants de rouge est une pratique qui remonte très haut, surtout en milieu paysan ; ou bien, pour se rendre chez sa grand-mère, la petite fille a mis son plus beau vêtement, c'est-à-dire, comme toujours au Moyen Age pour le sexe féminin, un vêtement rouge ; ou encore, cette petite fille est née le jour de la Pentecôte (ce que nous dit en effet la plus ancienne version du conte) et se trouve par là même vouée au rouge, couleur de l'Esprit Saint. Cette dernière explication est du reste sans doute historiquement la bonne, mais nous laisse un peu insatisfaits ?

Restent des explications d'ordre sémiologique, appuyées sur la structure du conte et la distribution ternaire des couleurs : la petite fille vêtue de *rouge* porte un pot de beurre *blanc* à une grand-mère vêtue de *noir* (le remplacement de la grand-mère par le loup ne changeant rien à cette couleur de destination). Nous retrouvons là les trois couleurs « polaires » des cultures anciennes, celles autour desquelles notamment s'articulent tous les contes et toutes les fables qui mettent en scène la couleur. Dans la fable du corbeau et du renard, par exemple, un corbeau *noir* lâche un fromage *blanc* dont s'empare un renard *rouge*. Et dans *Blanche-Neige*, une sorcière *noire* offre une pomme *rouge* empoisonnée à une jeune fille *blanche*. La distribution des couleurs varie mais leur dynamique s'articule toujours autour des trois mêmes pôles chromatiques et symboliques : blanc, rouge, noir. Peut-on aller plus loin dans l'analyse ?

Pharmacies

En France, les croix des pharmacies sont vertes ; en Italie, elles sont rouges. Pourquoi cette différence dans deux pays voisins pour signaler les mêmes officines, vendant les mêmes produits et remplissant la même fonction sociale ?

Le vert renvoie à l'idée de médicament, d'hygiène et de santé. C'est déjà au Moyen Age la couleur des médecins et des apothicaires parce que la pharmacopée est, pour sa plus grande partie, tirée du monde végétal. Toutefois, jusqu'au milieu du XIXe siècle, les apothicaires usent pour leur boutique d'enseignes variées (cornes d'animaux, images de saints guérisseurs). Il faut attendre les années 1880-1900 pour qu'en France les premières croix vertes fassent leur apparition, en liaison avec l'obligation faite aux pharmaciens de nombreuses villes de signaler désormais leur officine par une enseigne spécifique. La croix évoque l'idée de secours, de soin, d'assistance. Elle est déjà présente sur les vêtements des ordres religieux hospitaliers, institués au XIIe siècle pour porter secours aux chrétiens circulant ou combattant en terre d'Islam. On la retrouve dans les armoiries de très nombreuses institutions charitables sous l'Ancien Régime. Et c'est elle que l'on adopte pour créer l'emblème de la Croix Rouge lors de la convention de Genève en 1863-1864 (il est possible que l'influence du drapeau suisse - croix blanche sur fond rouge - ait également joué un rôle lors de la genèse de cet emblème). Les pharmacies italiennes se sont calquées sur ce modèle. Elles ont préféré la couleur du sang à celle de la pharmacopée, l'idée de soins et de pansements à celle de drogues, de potions, de phytothérapie.

On peut noter qu'en France, depuis une dizaine d'années, certaines pharmacies ont remplacé leur croix verte soit par une croix bleue, soit par une croix verte et bleue. Il faut s'interroger sur une telle mutation car elle n'est certainement pas gratuite - en matière d'emblèmes et de codes sociaux, il n'y a jamais d'arbitraire du signe ; tout est motivé - mais il est malaisé d'en cerner les raisons. S'agit-il d'un prolongement du bleu « hospitalier », les hôpitaux français, en tant qu'institutions, ayant de plus en plus souvent tendance à s'emblématiser par cette couleur (en général associée au blanc) ? Ou bien s'agit-il de montrer que la pharmacie moderne est un lieu de science et de technique, deux notions symbolisées par la couleur bleue, et non plus une antre d'herboriste, de droguiste ou d'épicier ?

Voir *Médicaments, Menthe, Rouge, Vert.*

Politique

1. Il est aujourd'hui devenu difficile de parler de telle ou telle couleur sans que celle-ci ne se charge rapidement d'une connotation politique. Non seulement toute considération sur la symbolique des couleurs s'en trouve biaisée, mais tout discours sur les goût et les choix chromatiques en est par certains côtés perverti. Ainsi, quelqu'un qui aurait sincèrement pour couleur préférée le rouge, mais dont les opinions politiques ne se situeraient nullement à gauche, hésitera à proclamer cette préférence et aimera mieux affirmer qu'il a une prédilection pour une autre couleur (son deuxième choix, en quelque sorte), ou bien pour le bleu, couleur politiquement plus neutre (d'où peut-être une explication à l'immense vogue statistique du bleu dans les réponses fournies aux enquêtes sur la notion de couleur préférée ?).

2. Parmi les principales couleurs, le bleu est en effet la plus faiblement connotée. En France, il évoque discrètement la droite républicaine et libérale, ou bien les partis du centre. Mais il peut prendre d'autres significations dans les pays voisins. En Espagne, par exemple, il peut encore évoquer le souvenir de la Phalange et de ses « chemises bleues » (le Parti populaire français de Doriot, qui s'emblématisait dans des chemises de même couleur, ne paraît avoir laissé aucune trace chromatique dans l'imaginaire politique français). Le rouge est plus universel que le bleu. Il est progressivement devenu partout, ou presque, la couleur des communistes (ou de ce qu'il en reste) et de l'ultra-gauche. Il a atteint un tel degré de connotation politique et idéologique que son emploi emblématique ou symbolique dans d'autres domaines est désormais difficile. Par soustraction, le rose est devenu la couleur des socialistes ; c'est un presque rouge, un rouge qui ne va pas jusqu'au bout. Il est d'émergence relativement récente, les socialistes s'étant longtemps investis, comme les communistes, dans la couleur rouge. De même, le blanc est depuis longtemps la couleur des monarchistes et le vert, depuis quelques années, celle des écologistes (le lien est récent mais très solide, presqu'aussi solide que celui qui unit rouge et communisme). Le noir est plus ambigu. Il est désormais vieilli comme couleur associée (par leurs adversaires) aux partis catholiques conservateurs - les prêtres ne s'habillent plus de noir (qui les appelle encore les *corbeaux* ?) et l'Église ne s'incarne plus dans cette couleur - mais il reste la couleur des anarchistes, de gauche comme de droite. Lorsqu'il vire au brun, sa connotation fasciste est patente, le souvenir des « chemises brunes » hitlériennes demeurant, semble-t-il, plus tristement frais que celui des « chemises noires » mussoliniennes. Quant au jaune, c'est depuis la fin du Moyen Age au moins, la couleur des traîtres et des félons, et, depuis la politisation abusive des

couleurs au XIXe siècle, celle des « taupes », des briseurs de grève et des collaborateurs. Il est trop dévalorisé sur le plan idéologique et symbolique (c'est aussi la couleur des maris trompés), pour qu'un mouvement politique ou syndical l'adopte pour emblème.

3. Au fil des décennies, les connotations politiques des principales couleurs, nées en Europe occidentale, se sont internationalisées. Elles s'étendent progressivement à l'ensemble de la planète. Mais ici comme partout, les phénomènes d'acculturation chromatique se font à sens unique, l'Occident imposant ses codes et ses systèmes de valeurs. Même au Japon, où pendant des millénaires les sensibilités et les pratiques de la couleur ont été (et restent) très différentes de celles de l'Europe, les communistes et les gauchistes sont aujourd'hui associés à la couleur rouge et les écologistes, au vert. Seuls les pays d'Islam résistent encore quelque peu à cette palette politique, le vert (couleur du prophète) et le rouge (couleur de la foi) semblant y posséder des significations religieuses trop profondément enracinées pour être sérieusement contaminés par des codes empruntés aux infidèles. Mais pour combien de temps ?

Voir aussi *Drapeau, Drapeau rouge, Héraldique, Maillot jaune, Sport.*

Pollution

Les couleurs peuvent être polluantes, non seulement en raison de leurs composants chimiques, mais aussi, plus simplement, à cause de l'effet visuel qu'elles produisent. Dans tel ou tel contexte, une couleur ou une association de couleurs jugée - pour divers motifs que le sociologue et l'historien se doivent d'étudier - trop agressive, peut aujourd'hui être considérée comme une nuisance. C'est un phénomène récent qui tend à se développer.

Dans le paysage urbain, sont souvent considérées comme polluantes les couleurs nouvelles qui font par trop écart avec les couleurs plus anciennes. Ainsi, à Paris, quand fut achevée la construction du Centre Georges-Pompidou, le bleu des énormes tuyaux situés le long de la rue du Renard - l'abominable « bleu Beaubourg » - poussa-t-il les habitants des immeubles sis en vis-à-vis à faire circuler une pétition demandant que ces tuyaux soient repeints dans une tonalité « moins violente et moins vulgaire ». En vain.

L'effort tapageur fait par les architectes et les urbanistes contemporains pour redonner de la couleur à un immeuble, une rue ou un quartier (sous le prétexte spécieux de leur « redonner vie ») est donc souvent davantage perçu comme une agression ou comme une nuisance que comme une amélioration du cadre de vie. Non seulement un tel changement peut mettre mal à l'aise une partie de la population, mais il peut aussi contribuer à faire baisser le prix de l'immobilier dans telle ou telle zone. Imaginons un instant ce qui se passerait si, à Paris, avenue Foch, un immeuble tous les cent mètres était repeint en rose vif, en vert chou ou en jaune fluo.

Toutefois, c'est en général moins telle ou telle nuance de couleur particulière qui est ressentie comme polluante qu'un ensemble de couleurs franches et contrastées. Sur les immeubles comme sur les vêtements, le bariolage est en Occident fort mal perçu. Même dans les villes nouvelles, dans les stations balnéaires et dans celles de sports d'hiver, la polychromie est jugée dévalorisante. Du moins par la population. Car, pour ce qui est des constructeurs et des prétendus « créateurs »...

Cette situation invite à s'interroger sur les limites de la symbolique contemporaine des couleurs. Elle n'est plus « transsectorielle » comme cela était le cas dans les siècles passés au sein d'une société donnée. Aujourd'hui, ce qui vaut ici ou là ne vaut pas nécessairement ailleurs. Ainsi les couleurs vives et la polychromie, qui dans plusieurs domaines (le sport, le jouet, les emballages de médicaments) sont signes de vie, d'énergie, de dynamisme, ne le sont plus guère en matière d'urbanisme, contrairement à ce que croient les urbanistes eux-mêmes. Loin de signifier la vitalité d'une rue ou d'un quartier, leur mise en couleurs, leur bariolage signifie au contraire qu'ils sont morts et que c'est artificiellement qu'on cherche à leur redonner vie.

Artifice de la couleur ! C'était déjà ce que saint Bernard et les prélats chromoclastes du Moyen Age lui reprochaient et ce qu'ont dénoncé tout au long du XVIe siècle les grands Réformateurs, à commencer par Luther et Calvin eux-mêmes.

Voir aussi *Cinéma, Feutres, Gris, Préférences, Protestantisme.*

Préférences

1. Quelle est votre couleur préférée ? Le bleu probablement. Du moins pour la moitié d'entre vous. Toutes les enquêtes conduites depuis la Seconde Guerre mondiale montrent en effet avec une belle régularité que près de 50 % des personnes interrogées, tant en Europe occidentale qu'aux États-Unis et au Canada, citent le bleu en réponse à une telle question. Viennent ensuite le vert (autour de 20 %) puis le rouge (10 %). Les autres couleurs se situent loin derrière, avec quelques variantes selon les pays et les décennies.

Tels sont les chiffres en Occident pour la population

adulte. Chez les enfants, l'échelle des valeurs est autre. Elle est du reste plus variable selon les pays et selon les âges ; en outre, elle ne présente pas dans la durée la même stabilité : contrairement à ce qui se passe pour les adultes, ce qui était vrai au début des années cinquante ne l'est plus tout à fait aujourd'hui. Toutefois, chez les enfants, c'est toujours et partout le rouge qui est cité en tête, devant soit le jaune, soit le bleu. Seuls les grands enfants (au-dessus de dix ans) expriment vraiment des préférences pour les couleurs froides (bleu, vert) comme le font, majoritairement, les adultes. Dans les deux cas, en revanche, on n'observe aucune différence entre les sexes : les réponses sont statistiquement les mêmes chez les garçons et chez les filles d'une part, chez les hommes et chez les femmes de l'autre. De même, l'influence des classes ou des milieux sociaux, voire des activités professionnelles, semble faible sur les réponses obtenues (du moins depuis les années soixante, car auparavant, dans de telles enquêtes, cette variable ne paraît pas avoir été retenue). La seule différence pertinente a donc trait à l'âge : on aime les couleurs chaudes quand on est petit ; on préfère les couleurs froides lorsqu'on est devenu adulte.

Ce sont évidemment les stratégies de la publicité et du marketing contemporains qui, depuis près d'un demi-siècle, ont contribué à la multiplication de ces études chiffrées sur la notion vécue de couleur préférée. L'historien en consultera les résultats avec un grand profit : non seulement ils intéressent l'histoire de la sensibilité la plus contemporaine, mais ils stimulent également la réflexion et aident à poser dans la longue durée un certain nombre de questions. D'où vient, par exemple, et depuis quand a triomphé cette primauté de la couleur bleue dans la civilisation occidentale ? Ces enquêtes, aujourd'hui encore, n'existent malheureusement pas pour tous les domaines des activités humaines ni pour toutes les régions du globe. Elles sont au contraire relativement ciblées, et c'est abusivement que les sociologues étendent à un grand nombre de champs socio-culturels ce qui, au départ, ne concerne bien souvent que la publicité, la vente de produits, et, plus spécifiquement encore, la mode vestimentaire occidentale.

La notion de couleur préférée est en elle-même extrêmement floue : peut-on dire, dans l'absolu, hors de tout contexte, quelle est la couleur que l'on préfère ? et quelle portée cela peut-il avoir sur le travail du chercheur en sciences sociales ? Lorsqu'on cite le bleu, par exemple, cela signifie-t-il que l'on préfère réellement le bleu à toutes les autres couleurs et que cette préférence s'étend à tous les domaines, aussi bien le vêtement que la décoration de l'habitat, les objets de la vie quotidienne que la symbolique politique, les goûts artistiques ou la dimension onirique des couleurs ? Ou bien cela signifie-t-il qu'en réponse à une telle question (par certains côtés très pernicieuse), on souhaite être, idéologiquement, rangé et compté dans le groupe des personnes qui répondront « bleu » ? Ce problème est important. Il chatouille d'autant plus la curiosité de l'historien que celui-ci, lorsqu'il tente, un peu anachroniquement parfois, de projeter dans le passé de telles enquêtes sur l'évolution des couleurs « préférées », ne peut jamais cerner de résultats intéressant la psychologie ou la culturelle individuelle, mais seulement des faits de sensibilité collectifs, ne concernant qu'un domaine des activités d'une société (le vêtement, l'emblématique, l'image, etc.)

La plupart des enquêtes contemporaines auxquelles je me réfère ne tiennent pas compte de la sectorisation. Bien au contraire, elles aspirent à se placer dans l'absolu et vont jusqu'à considérer que, pour être valides, voire « efficaces » (la publicité est toujours plus ou moins le commanditaire qui les sous-tend), les personnes interrogées sur leur couleur préférée doivent répondre « spontanément », c'est-à-dire en moins de cinq ou six secondes. Sans ratiocinations ni arguties spécieuses (du type : « mais s'agit-il du vêtement, de la peinture ?, etc. »). On est en droit de s'interroger sur la légitimité, les raisons et les enjeux de cette spontanéité exigée du public, dont tout chercheur devine le caractère artificiel.

Le flou d'un concept peut néanmoins se révéler opératoire et pertinent. C'est ici le cas lorsqu'on constate combien, pour la population adulte, les résultats chiffrés évoluent peu dans le temps (les quelques données que nous avons pour la fin du XIXe siècle donnent des chiffres assez voisins de ceux cités ci-dessus) et ne diffèrent guère dans l'espace. Ce dernier point est à souligner : la civilisation occidentale fait bloc autour de la couleur bleue (c'est du reste cette couleur qui emblématise l'Europe sur son drapeau et dans la série des cinq anneaux olympiques) et présente en matière de couleur une homogénéité culturelle remarquable. Partout, en effet, non seulement en Europe occidentale et en Amérique du Nord, mais aussi en Australie et en Nouvelle-Zélande, c'est le bleu qui est cité en tête devant le vert. Il n'y a qu'une seule exception : l'Espagne, où c'est le rouge qui vient en tête, devant le bleu et le jaune (jaune qui est partout ailleurs, y compris au Portugal, très délaissé).

Pour l'Amérique du Sud, l'échelle des réponses obtenues est assez différente de ce que l'on rencontre en Occident proprement dit : au Brésil, le bleu vient en tête devant le rouge ; au Chili et en Argentine, le bleu devant le blanc ; au Pérou, le rouge devant le vert ; en Colombie, le jaune devant le bleu (enquête ancienne). Les « valeurs » chromatiques européennes sont ici perturbées par celles d'autres civilisations et présentent à l'anthropologue des cas riches et complexes d'acculturation chromatique.

Pour l'Europe de l'Est, les chiffres récents manquent, ou du moins ne sont pas disponibles dans les publications occidentales. Je ne dispose que des résultats de deux enquêtes, l'une effectuée en Hongrie en 1963, l'autre en Pologne en 1978. Ils donnent des chiffres comparables à ceux que l'on rencontre en Italie, en France, en Scandinavie ou aux États-Unis : le bleu vient largement en tête devant le vert, les autres couleurs se situant assez loin derrière.

Toute autre est la situation lorsqu'on quitte l'Europe et l'Amérique. Au Japon, par exemple, le seul pays non occidental qui fournisse des chiffres appuyés sur des enquêtes similaires, l'échelle des couleurs préférées est très différentes : le rouge vient en tête (40 %), devant le noir (20 %) et le blanc (10 %). Cela pose plusieurs problèmes aux grandes firmes multinationales japonaises. En matière de publicité par exemple (affiches, prospectus, images photographiques ou télévisuelles), elles doivent adopter deux stratégies différentes : l'une destinée à la consommation intérieure, l'autre à l'exportation. Certes, la couleur n'est pas seule en cause, mais elle constitue une dimension importante ; une firme qui veut séduire à l'échelle de la planète entière ne peut pas ne pas en tenir compte. Un exemple récent l'illustre parfaitement : quelques grandes firmes fabriquant du matériel photographique (Canon, Nikon, Fuji) ont récemment lancé sur le marché des boîtiers bon marché et en couleurs (jaune, bleu, rouge) au lieu du noir traditionnel. Ces boîtiers aux couleurs vives ont rencontré un succès certain en Europe et aux États-Unis mais n'en ont rencontré aucun au Japon même.

2. Le cas japonais est intéressant à d'autres titres. Il souligne combien la couleur est quelque chose qui se définit et se pratique différemment selon les cultures. Dans la sensibilité japonaise, en effet, il importe parfois moins de savoir si on a affaire à du bleu, du rouge ou du jaune que de savoir si l'on est en présence d'une couleur mate ou d'une couleur brillante. C'est là un paramètre essentiel. Il y

a en japonais plusieurs blancs, portant des noms différents (comme dans la plupart des langues esquimaudes) et s'étageant du mat le plus terne jusqu'au brillant le plus lumineux. L'œil occidental, contrairement à l'œil japonais, n'est pas toujours capable de les distinguer, et le lexique des langues européennes est dans la gamme des blancs beaucoup trop pauvre pour pouvoir les nommer. Il est toutefois un domaine où l'Occident s'est, au cours des dernières décennies, acculturé à cette articulation mat/brillant si importante dans la sensibilité japonaise : celui des papiers photographiques. L'emprise du Japon en ce domaine nous a progressivement habitués aux différences de matité et de brillance (alors qu'auparavant, l'œil occidental était plutôt sensible en matière de photographie sur papier, aux questions de grain et de chaleur des tons) et, lorsque nous faisons tirer sur papier nos photographies d'amateurs, nous précisons désormais, comme les Japonais, « papier mat » ou « papier brillant ».

Ce qui s'observe au Japon, pays qui par bien des côtés est déjà fortement occidentalisé, est encore plus patent pour les autres cultures asiatiques, africaines ou océaniennes, pour qui les définitions occidentales de la couleur n'ont guère ou pas de signification. Dans la plupart des civilisations d'Afrique noire, par exemple, aucune importance n'est souvent attachée à la frontière qui peut séparer la gamme des tons rouges de celle des bruns ou des jaunes, voire de celle des verts. En revanche, devant une couleur donnée, il peut être essentiel de savoir s'il s'agit d'une couleur sèche ou d'une couleur humide, d'une couleur tendre ou d'une couleur dure, d'une couleur lisse ou d'une couleur rugueuse, d'une couleur sourde ou d'une couleur sonore, d'une couleur gaie ou d'une couleur triste. La couleur n'est pas une chose en soi, encore moins un phénomène relevant seulement de la vue. Elle est appréhendée de pair avec d'autres paramètres sensoriels et, de ce fait, teintes et nuances n'ont guère de raison d'être. En outre, chez certaines sociétés d'Afrique occidentale, la culture chromatique, la sensibilité aux couleurs et le vocabulaire qui s'y rattache, diffèrent selon les sexes. Dans certaines tribus peuls, par exemple, le lexique des bruns, extrêmement riche, n'est pas le même pour les hommes et pour les femmes. Ces différences entre les sociétés sont fondamentales et, comme l'anthropologue, le sociologue doit constamment les garder à l'esprit. Elles mettent en effet en valeur le caractère fortement culturel de la perception des couleurs et des faits de nomination qui en découlent ; elles soulignent le rôle important des synesthésies et des phénomènes d'association perceptive concernant les différents sens ; enfin, elles invitent à la prudence en matière d'études comparatives portant sur des faits de sensibilité s'inscrivant dans l'espace ou dans la durée. Un chercheur occidental peut à la rigueur saisir l'importance des concepts de matité et de brillance tels que les articule le système des couleurs dans le Japon contemporain. En revanche, ce même chercheur est plus désorienté par l'univers des couleurs tel que le vivent les sociétés africaines : qu'est-ce qu'une couleur humide, une couleur tendre, une couleur gaie ? Et combien y a-t-il d'autres paramètres qui lui échappent totalement ?

Voir aussi *Cigarettes, Livre, Tests, Vêtement, Voiture.*

Protestantisme

1. Si l'iconoclasme de la Réforme protestante est mieux connu que son « chromoclasme », la guerre aux couleurs - ou du moins à certaines couleurs - a cependant toujours constitué une dimension importante de la nouvelle

morale chrétienne instituée par Luther, Calvin et leurs épigones. Né au début du XVIe siècle, au moment où triomphent le livre imprimé et l'image gravée - c'est-à-dire une culture et un imaginaire en noir et blanc - le protestantisme se montre à la fois héritier des morales de la couleur du Moyen Age et parfaitement fils de son temps : dans plusieurs domaines importants de la vie religieuse et sociale (le culte, le vêtement, l'habitat, l'art, les « affaires »), il recommande et met en place des systèmes de la couleur entièrement construits autour d'un axe noir-gris-blanc. Chasse est désormais faite aux autres couleurs (seul le bleu est parfois épargné), spécialement aux couleurs vives, le rouge et le jaune. Sur ce point, Calvin et Zwingli se montrent les plus drastiques. Mais Mélanchton, auteur en 1527 d'un *De vestitu* (Du vêtement) qui reprend plusieurs idées chères à Zwingli, se fait déjà, le champion d'une éthique du noir et du sombre, éthique qui restera celle des pays protestants jusqu'à l'époque contemporaine.

Les répercussions de cette nouvelle morale de la couleur vestimentaire s'inscrivent en effet dans la longue durée. A partir du XVIIIe siècle, et plus encore du XIXe, les valeurs protestantes deviennent celles du capitalisme naissant, puis de la société industrielle, enfin de ce que l'on nomme dans la culture occidentale les « valeurs bourgeoises ». Celles-ci conditionnent encore une bonne part de nos pratiques vestimentaires ; et il est fort probable que nos costumes sombres, nos chemises blanches, nos blazers, nos smokings et nos « tenues de soirées » sont les héritiers plus ou moins directs de la morale protestante de la couleur. Le sombre est resté une valeur, un pôle chromatique du vêtement masculin. Et, pour s'affranchir de la tyrannie du noir, la société contemporaine s'est trouvée une soupape, une couleur de remplacement : le bleu marine. Dans le courant du XXe siècle, celui-ci a envahi à peu près tous les domaines où triomphait autrefois le noir : les uniformes et les vêtements institutionnels, sportifs ou de loisir. Il me semble même possible de voir dans le jean, vêtement emblématique de nos sociétés capitalistes, un pantalon dont la couleur est le produit de la morale protestante anglo-saxonne. Ce jean peut être du bleu le plus clair ou le plus délavé, il reste néanmoins, conceptuellement, un vêtement sombre, un vêtement moralisé, un héritier de la « culotte » noire de l'Ancien Régime.

2. Ce qui est vrai du vêtement l'est aussi des objets de la vie quotidienne. Si la civilisation industrielle, au XIXe siècle et encore au début du XXe, a fabriqué des objets quotidiens qui étaient noirs, blancs, gris ou bruns, comme l'étaient la plupart des vêtements masculins, ce ne fut pas seulement pour des raisons techniques, liées à la chimie des colorants ; ce fut aussi pour des raisons idéologiques. Appareils sanitaires, ustensiles de cuisine, téléphones, stylos, machines à écrire, appareils photographiques, voitures automobiles, etc., pendant de longues décennies n'ont pas eu droit à la couleur, ou plutôt ont eu pour seules colorations celles de l'axe protestant des couleurs : noir, gris, blanc.

Ce n'est que dans la seconde moitié du XXe siècle que les autres couleurs, notamment les couleurs chaudes, ont fait une entrée vraiment marquée dans la vie quotidienne et dans la civilisation matérielle. Mais cela ne s'est pas fait subitement, par un passage direct et brutal du blanc au jaune et du noir au vert ou au bleu. Bien au contraire, l'évolution fut lente et passa par un relais obligé : les teintes pastel. Les cuisines, les salles de bains, les voitures, les sous-vêtements, les vêtements de nuit, le linge de table et le linge de toilette ont tous connu, entre la fin du XIXe siècle et les années soixante du XXe, ce passage nécessaire par les tons pastellisés, par ces couleurs ni denses ni franches qui semblaient ne pas oser dire leur nom. Certaines matières plastiques ont prolongé jusqu'à une date récente ce refus des couleurs trop franches ou trop profondes. Mais l'art et la peinture d'abord, la publicité ensuite, certains matériaux nouveaux enfin ont progressivement ouvert dans ces pratiques chimiques et moralisées de la couleur des brèches béantes où presque tous les objets de la vie quotidienne ont réussi à s'engouffrer. Rares sont aujourd'hui les domaines du quotidien qui refusent les « vraies » couleurs, celles qui s'affichent pleinement. En revanche, par un inévitable retour de balancier, la profusion des couleurs vives dans le monde contemporain les a quelque peu galvaudées et revalorisé l'axe noir-gris-blanc.

Voir aussi *Cinéma, Délavé, Design, Blue jean, Sous-vêtements, Voiture.*

Rose

Le rose est-il une nuance du rouge, un mélange de blanc et de rouge ou bien une couleur à part entière ? A cette question les réponses ont varié selon les époques et les sociétés. Longtemps en Occident le rose ne fut considéré que comme une nuance de rouge ; une nuance claire, peu saturée et guère appréciée. Il est vrai que, ni en teinture ni en peinture, on ne savait fabriquer de beaux tons de rose, francs et lumineux, à l'image de ceux que produisait la nature.

Puis, à la fin du Moyen Age, le rose commença à se revaloriser, notamment dans l'étoffe et le vêtement. La teinture au bois de brésil (*brasileum*) longue et coûteuse - la matière première, un bois précieux, était importée des Indes et de Sumatra - permit progressivement de créer de nouvelles nuances, plus chaudes et plus subtiles. Mais ces teintes restaient fragiles. La découverte de bois très voisins en Amérique du Sud - bois qui ont donné son nom au Brésil - favorisa la diffusion de tons roses de meilleure qualité du XVIe au XVIIIe siècle.

Au XIXe siècle, les théoriciens de la couleur refusèrent au rose le statut de véritable couleur et préférèrent voir en lui un mélange de blanc et de rouge. Depuis, grâce aux couleurs de synthèse, tous les écoliers d'Europe et d'ailleurs apprennent à fabriquer du rose en mélangeant ces deux couleurs (ce que l'on ne faisait jamais au Moyen Age). C'est peut-être pour cette raison que tous les roses fabriqués par l'homme semblent aujourd'hui compter parmi les couleurs les plus artificielles, très éloignées des roses de la nature. D'où une fréquente aversion pour le rose, couleur vulgaire, chimique, désagréable à l'œil (le problème est le même pour l'orangé et le violet).

Quant à l'association du rose et de l'homosexualité, elle est récente, plus récente encore que celle qui fait du rose la couleur des petites filles (voir *Bébés*). Elle est inconnue avant la Première Guerre mondiale et semble devoir être interprétée comme une déclinaison du rouge, couleur de la femme et de la féminité (par opposition au bleu, couleur de l'homme). Cette symbolique sexuelle du couple rouge/bleu est elle aussi relativement récente, et se décline différemment dans les sociétés anciennes.

Voir aussi *Bébés, Cochon, Magenta, Saumon.*

Rouge

Parler de « couleur rouge » est presque un pléonasme. Le rouge est la couleur par excellence, la couleur archétypale, la première de toutes les couleurs. Dans plusieurs langues c'est le même mot qui signifie *rouge* et *coloré*. Dans d'autres, il y a synonymie entre *beau* et *rouge*. Dans d'autres encore entre *rouge* et *riche*. Partout, dire qu'une chose est rouge c'est dire beaucoup plus que sa coloration s'inscrit dans la zone de longueur d'ondes correspondant à cette couleur. Rouge est le plus fortement connoté de tous les termes de couleur, plus encore que noir ou que blanc.

A cela des raisons culturelles qui remontent fort loin et qui se rencontrent dans de nombreuses civilisations. La symbolique du rouge y est presque toujours associée à celle du sang et à celle du feu. Par la même, il y a un bon et un mauvais rouge comme il y a un bon et un mauvais sang et un bon et un mauvais feu.

Pour la culture chrétienne, le rouge sang pris en bonne part est celui qui donne la vie, qui purifie et qui sanctifie. C'est le rouge du Sauveur, celui qu'il a versé sur la croix pour le salut des hommes. Il est signe de force, d'énergie, de rédemption. Inversement, le mauvais rouge sang est symbole d'impureté, de violence et de péché. Il se rattache à tous les tabous sur le sang hérité de la Bible. C'est le rouge de la chair impure, des crimes de sang, des hommes révoltés contre leur Dieu ou contre d'autres hommes. C'est celui de la colère, de la souillure et de la mort.

Pris en bonne part, le rouge feu est celui de la Pentecôte et de l'Esprit Saint. C'est à la fois une lumière et un souffle, puissant et généreux. Il brille, réchauffe, éclaire, comme l'astre solaire. Son contraire est le rouge satanique, celui des flammes de l'enfer, qui brûle, blesse, détruit. C'est le rouge de la chevelure de Judas, du pelage de l'hypocrite goupil, de l'homme rusé, cupide et orgueilleux.

Sur ces quatre rouges, venus du fond des âges, se sont greffés tous les emplois que nous faisons de cette couleur dans notre vie quotidienne et dans notre symbolique sociale. Depuis la bande rouge des emballages de médicaments - signe de danger (ne pas dépasser la dose prescrite) - jusqu'au feu rouge de la signalisation routière - signe d'interdiction - en passant par tous les rouges ludiques et délicieux de l'enfance, des bonbons, des confitures, de la fête, de la joie, de l'érotisme et de l'amour.

Voici comment pourrait se présenter un tableau résumant les différentes fonctions et significations du rouge dans la culture occidentale, telles qu'elles sont évoquées dans le présent dictionnaire :

1. La couleur par excellence, la plus belle des couleurs :

• Synonymie entre rouge et coloré dans de nombreuses langues ; dans d'autres, entre rouge et beau (en russe par exemple).

• Longtemps, un beau vêtement, un bel objet a été de couleur rouge.

• Histoire des teintures : jusqu'au XVIIIe siècle, c'est dans la gamme des rouges que la teinturerie occidentale obtenait les meilleurs résultats, les couleurs les plus vives, les plus stables et les plus diversifiées.

2. Couleur du signe, du signal, de la marque :

• Signaler par du rouge (cigare des bureaux de tabac). Marquer à l'encre rouge.

• Corriger au stylo rouge (les copies d'écoliers).

• Contrôler, vérifier en rouge.

• Attirer par du rouge dans la vente et la publicité (prix en baisse).

3. Couleur du danger et de l'interdiction :

• La signalisation routière, ferroviaire, maritime, aérienne : rouge = danger ; rouge = ne pas passer. Le feu rouge.

• Ligne rouge, téléphone rouge, clignotants d'alerte. Zone rouge. « Être dans le rouge ».

• Le drapeau rouge (à l'origine signale un danger et demande à la foule de se disperser).

• Médicaments : « ne pas dépasser la dose prescrite » (inscrit en rouge).

4. Couleur de l'amour et de l'érotisme :

• Couleur de la passion, de ses dangers.

• Couleur de l'attrait et de la séduction (rouges à lèvres, fards, etc.).

• Couleurs des prostituées. Mythologie des femmes rousses.

• Sous-vêtements rouges = sous-vêtements invitant à la débauche.
• Couleur des péchés, spécialement des péchés de chair.
• Couleur des tabous et de la transgression des tabous.

5. Couleur du dynamisme et de la créativité :

• Une couleur qui bouge, qui attire, qui semble proche (contrairement au bleu qui paraît lointain).
• Le rouge qui excite l'appétit (apéritifs rouges).

6. Couleur de la joie et de l'enfance :

• Goût des enfants pour le rouge, couleur ludique. Ballons et jouets rouges.
• Préférences des enfants pour les fruits rouges, les confitures rouges, les sucreries et bonbons rouges.
• Vêtements rouges des enfants. Bonnets, écharpes, gants, etc.

7. Couleur du luxe et de la fête :

• La couleur la plus noble au Moyen Age. S'habiller de rouge est réservé à l'aristocratie par certaines lois somptuaires. Cherté des colorants rouges.
• La pourpre antique. Rouge, couleur impériale.
• Le rouge, couleur de la fête : cadeaux, décors, emballages.
• Dans la société rurale, lorsqu'une femme met sa plus belle robe (pour se marier, par exemple), elle met une robe rouge (jusqu'au XIXᵉ siècle)

8. Couleur du sang :

• La Croix Rouge. Les croix des pharmacies (en Italie). Les pansements, le mercurochrome. Soigner le sang qui coule.
• Couleur de la guerre. Jusqu'au XIXᵉ siècle beaucoup d'uniformes militaires de couleur rouge.
• Le sang des femmes. Tabous, menstrues, etc.
• Le sang du Christ. Le rouge christologique. Couleur liturgique.
• Le sang versé. Les crimes de sang. La justice en rouge. Le bourreau habillé en rouge.

9. Couleur du feu :

• Les pompiers, les bornes à incendies, les extincteurs, les voitures de pompiers (réelles et jouets).
• Le feu du Saint-Esprit. La Pentecôte.
• Les flammes de l'enfer (mauvais rouge).

10. Couleur de la matière et du matérialisme :

• Présence du rouge, fort, près, pesant. Ce qui est rouge est ici et non au loin.
• Matérialisme, communisme. Rouges politiques.

Saturation

La notion de saturation est devenue depuis deux siècles une des trois notions clefs pour définir la couleur dans la sensibilité occidentale. Peintres, critiques d'art et marchands de couleurs en font un usage immodéré, à côté des notions de valeur et de tonalité. Toutes trois constituent les paramètres autour desquels s'articulent la plupart de nos nuanciers depuis de longues décennies. Ce sont elles qui donnent le plus souvent leurs noms aux couleurs et qui font naïvement croire qu'il puisse exister une science physique et objective de la couleur (idée simpliste, puisque la couleur est un phénomène culturel et subjectif qui est rebelle à toute généralisation).

Si définir les notions de valeur (c'est-à-dire le rapport à la lumière) et de tonalité (c'est-à-dire la gamme de coloration et la nuance dans cette gamme) n'est pas trop difficile (encore que...), définir la saturation est en revanche un exercice malaisé. Pédagogues et plasticiens sont toujours gênés pour faire comprendre à leurs étudiants ou à leur public ce qu'il faut entendre sous ce terme. Donner un synonyme n'est pas toujours satisfaisant et conduit à travailler dans l'approximation.

Mais cela peut se révéler utile. Ceux que l'on sollicite le plus fréquemment pour expliquer cette idée de saturation sont *densité* et *concentration*. Le premier a le mérite d'être intelligible par tout le monde, mais l'inconvénient d'être assez éloigné de l'idée que les artistes et les chimistes ont de la saturation des couleurs. En outre, comme le second, il tend à confondre la couleur et la matière colorante, ce qui est une réduction abusive : la couleur du peintre n'est pas seulement un produit chimique, c'est aussi un fait de sensibilité. Le second se rapproche davantage de la notion de saturation, mais il n'explique pas grand chose au profane. Dire que la saturation d'une couleur c'est la faculté qu'elle a de se concentrer sur elle-même n'est pas faux, mais cela reste une formulation quelque peu ésotérique. C'est toutefois une façon de dire moins abstruse que de définir la saturation comme « la dissolution dans un liquide de la masse maximale d'une substance colorée », et d'expliquer l'action de saturer par le fait « d'amener une solution, colorée par une matière dissoute, à contenir la plus grande quantité possible de ce corps dissous ». Quant à expliquer le verbe *désaturer*, dont tous les historiens de la peinture sont contraints de se servir…

Même quand il a des prétentions scientifiques, le vocabulaire français lié aux couleurs demeure soit imprécis soit incompréhensible pour le commun des mortels. Par là même, il se charge de multiples connotations poétiques et oniriques. Qui s'en plaindra ?

Voir aussi *Délavé, Histoire, Incolore, Uni.*

Saumon

Le saumon est un des rares animaux dont le nom a donné naissance à un qualificatif de couleur (en français et dans la plupart des langues occidentales). C'est même aujourd'hui le seul nom d'animal utilisé comme vocable chromatique qui soit d'un emploi relativement courant (pourpre constitue un cas à part), alors que les termes ordinaires empruntés aux mondes végétal et minéral sont innombrables. Saumon qualifie de nos jours un rose assez tendre, tirant plus ou moins vers l'orangé. A la fin du XIXe siècle (l'usage du mot comme terme de couleur semble apparaître en français vers 1860) et au début du XXe, il désignait davantage une nuance rouge qu'une nuance rose orangé. Il est vrai que la chair des saumons d'autrefois ne présentait pas tout à fait la même coloration que nos saumons d'élevage, plus pâles, plus fades.

Ce qui atteste le succès du mot *saumon* comme vocable chromatique, c'est la création rapide (on le trouve déjà chez Huysmans) de l'adjectif saumoné pour qualifier la nuance « saumonisante » d'un certain nombre de couleurs : beige saumoné, jaune saumoné, gris saumoné, par exemple. Cet adjectif apporte à la fois une précision de coloration et une connotation valorisante. Ce qui s'inscrit dans la gamme des tons saumon ou saumonés est en effet généralement pris en bonne part, et relève même d'un certain « chic ». Une étoffe saumon ne peut guère être une étoffe vulgaire.

Du moins en était-il ainsi jusqu'à présent. Car désormais saumon doit subir la concurrence du mot *pêche*, qui désigne une nuance voisine (rose pâle légèrement doré) et qui apporte lui aussi une précision méliorative (l'idée d'une vague douceur veloutée, par exemple). Le terme *abricot*, en revanche, renvoie à un ton plus nettement orangé et qualifie une couleur moins subtile, plus ordinaire, parfois disgracieuse.

Voir aussi *Beige, Cochon, Rose, Viande.*

Sépia

Sepia est le nom latin de la seiche. Il a donné naissance en français, sans doute par le relais de l'italien, au nom d'une matière dont on se sert depuis la Renaissance pour exécuter des lavis, puis à un véritable terme de couleur désignant un brun profond. Ce terme, toutefois, n'est guère sorti du vocabulaire artistique ; mais il s'est de bonne heure étendu du domaine du dessin, de l'encre et de la peinture à celui de la photographie. C'est un mot qui est presque toujours pris en bonne part, même si la coloration qu'il exprime est loin d'être admirée de tout le monde. Mais quand on veut attirer l'attention sur l'aspect désagréable de celle-ci, on ne dit pas sépia mais *bistre*, terme de couleur nettement dépréciatif.

Aujourd'hui les tons sépia nous font presque toujours penser au passé. Un passé qui n'est pas si lointain mais qui est révolu : celui que mettent en images les anciennes photographies et les premières cartes postales. Pourtant, lorsque l'on y regarde d'un peu près, et que l'on examine un grand nombre de photographies et de cartes postales antérieures à la Première Guerre mondiale, on s'aperçoit que celles qui sont tirées dans les tons sépia sont loin d'être majoritaires. Les plus nombreuses sont imprimées en noir et blanc. Certes, leur noir n'est pas toujours tout à fait noir, leurs blancs sont souvent crème ou ivoire, mais il s'agit bien de photographies en noir et blanc, pas sépia ni chamois. En fait, ce qui est sépia, ce ne sont pas tant les photographies de ces décennies révolues que l'imaginaire que nous en avons. Le cinéma ne s'y trompe pas, qui, dans les films contemporains, a parfois recours à une telle coloration pour signifier un retour en arrière, situé avant la Première Guerre mondiale, ou même encore dans les années vingt, avant l'invention du cinéma parlant. Or les films produits par ces époques ne montrent aucunement des images sépia, même lorsque la pellicule a viré chimiquement. Les tons sépias ne correspondent donc guère à une réalité ancienne - photographique ou cinématographique - mais bien plutôt à l'image que nous avons, aujourd'hui, de cette réalité.

Pourquoi un tel écart entre le réel et l'imaginaire. Pourquoi avons nous cette vision « marronnasse » de la jeunesse de nos parents et de nos grands-parents ? Les quelques photographies et cartes postales vraiment sépia qui nous sont parvenues ne suffisent pas à l'expliquer. Pas plus que les objets, les vêtements ou les témoignages archéologiques qui nous ont été conservés. Les tons bruns ne sont pas les tons dominants dans la vie quotidienne de la fin du XIXe siècle et du début du XXe siècle (il y a, par exemple, beaucoup plus de noirs). Mais les tons gris sont bien, eux, ceux qui dominent - qu'on le veuille ou non - dans notre univers urbain contemporain. Or le brun étant, par de multiples aspects, un des contraires du gris, ne serait-ce pas pour des raisons proprement sémiologiques que nous faisons une telle projection ? Si le présent est gris, le passé récent, auquel ce présent s'oppose, ne peut être que brun. Et ce qui fait la coupure n'est pas tant la Première Guerre mondiale (malgré la boue marron des tranchées de Verdun) que la Seconde (qui marque l'élimination de toutes les chemises brunes) : le gris est né des ruines du second conflit mondial et de la reconstruction qui a suivi.

Voir aussi *Beige, Maillot jaune, Marron.*

Ski

La hiérarchie des difficultés que présentent les différentes pistes de ski alpin, s'exprime par une échelle chromatique qui a été très tôt normalisée en Europe occidentale pour constituer un code. Celui-ci associe le vert aux pistes les plus faciles, le bleu aux pistes de difficulté moyenne, le rouge aux pistes difficiles et le noir aux pistes très difficiles. Une telle hiérarchie, dont on aimerait savoir sur quels critères elle a été élaborée, pose le problème de la classification par la couleur et de ses enjeux. Si le noir, en effet, est choisi comme couleur de la difficulté extrême, le blanc, contraire du noir, devrait être celle de la plus grande facilité. Toutefois la signalisation blanche risque de mal se distinguer sur la neige ; aussi a-t-on choisi une autre couleur. Mais pourquoi le vert ? C'est plutôt le bleu que l'on attendrait ici. Non seulement parce que le bleu est en lui même une couleur "« facile », c'est-à-dire banale, disponible, neutre, ne gênant personne (ce qui n'est nullement le cas du vert), mais aussi et surtout parce que le vert est depuis des siècles dans la sensibilité européenne une forme superlative du bleu, un au-delà du bleu, un palier intermédiaire entre le bleu et le noir (ce que traduisent certains nuanciers antiques et médiévaux). Pourquoi ne pas en avoir tenu compte ? A-t-on été gêné par un rapprochement trop grand du vert et du rouge, rapprochement contraire au spectre et qui aurait transgressé la très réductrice théorie des couleurs primaires et des couleurs complémentaires ? Celle-ci fait du vert la couleur complémentaire, et donc la plus éloignée, du rouge. A-t-on, comme pour les feux tricolores et toute la signalisation qui en découle, donné priorité aux chimères scientifiques sur les longues traditions symboliques ?

Voir aussi *Code de la route, Judo, Menthe, Spectre.*

Sous-vêtements

Pendant des siècles, tous les vêtements et tous les tissus touchant le corps se devaient d'être blancs ou non teints. A la fois pour des raisons hygiéniques et matérielles (on les faisait bouillir, ce qui les décolorait) et, surtout, pour des raisons morales (les couleurs vives étaient considérées comme impures ou déshonnêtes). Puis, entre le milieu du XIXe siècle et le milieu du XXe, le blanc des sous-vêtements, du linge de corps, des draps, des matelas, des serviettes de toilette, des tenues de bains, etc., s'est progressivement coloré, soit par le relais des teintes pastel soit par celui des rayures (le blanc associé à une couleur qu'il « brise »). Ce qui était encore impensable au début du XIXe siècle est devenu relativement courant un siècle plus tard : porter un jupon bleu, une chemise verte, des dessous roses, s'essuyer avec une serviette jaune, ou se coucher dans des draps rayés. Au fil des décennies, le blanc et l'écru se sont faits plus lointains et, à côté des teintes pastel, on a même vu apparaître des couleurs franches et saturées : bleu marine, rouge vif, vert foncé, noir.

En matière de sous-vêtements, ces palettes nouvelles se sont rapidement chargées de connotations sociales et morales. Certaines couleurs furent jugées plus féminines (ou plus viriles), certaines plus sages, d'autres plus érotiques, d'autres encore franchement provocantes. La publicité en a parfois fait de véritables systèmes de valeurs : « Dis-moi quelles couleurs tu portes sous ta robe ou sous ton pantalon et je te dirai qui tu es » (ou du moins quelle image tu as ou tu veux donner de toi-même). Étudier ces systèmes n'est pas chose aisée car, comme tout ce qui concerne la sensibilité et les taxinomies sociales, ils diffèrent souvent d'une décennie à l'autre, d'un pays à l'autre, d'un milieu à l'autre. En outre, ce ne sont pas les mêmes codes ni les mêmes systèmes pour les hommes et pour les femmes ; et ce qui vaut pour les sous-vêtements du haut ne vaut pas toujours pareillement pour ceux du bas.

Prenons l'exemple des sous-vêtements féminins, les plus subtilement codés et connotés en ce domaine. Par opposition au blanc, couleur sage et hygiénique, le noir passait autrefois pour indécent, immoral, réservé aux professionnelles du stupre et de la débauche. Aujourd'hui, ce n'est plus le cas. S'il reste parfois quelque peu « polisson » et interdit aux très jeunes filles, le noir ne connote plus comme naguère la prostitution, ni même le vrai dévergondage. Certaines femmes préfèrent porter des sous-vêtements noirs plutôt que blancs lorsqu'elles sont habillées d'une jupe ou d'un chemisier noir. D'autres estiment que le noir convient mieux à leur couleur de peau. D'autres encore (et surtout ?) constatent que sur les tissus synthétiques contemporains, le noir est la teinte qui résiste le plus longtemps à des lavages extrêmement fréquents. Plus que le noir c'est donc le rouge qui de nos jours, en matière de sous-vêtements féminins, passe pour la couleur la plus aguichante ou la plus dépravée (la plus vulgaire aussi). Inversement, le blanc n'est peut-être plus aussi innocent que naguère. C'est la couleur que désormais les hommes citent en premier quand on leur demande quelle est celle qui, posée sur une peau féminine, éveille immanquablement en eux le désir. La pureté suscite parfois des appétits d'impureté... Sur ces mêmes hommes, les couleurs obéissent aussi à des codes et des connotations qui ont leur histoire et leur sociologie. Autrefois, le slip blanc représentait ce qu'il y avait de plus neutre, de plus banal. Aujourd'hui, le slip bleu (qu'il soit ciel ou marine) l'a rejoint sinon dépassé dans ce rôle. En revanche, s'afficher en slip rose constitue une forte transgression car ce n'est pas, loin s'en faut, une couleur virile. Porter un slip brun, orange ou moutarde est une horrible faute de goût et donne à ce sous-vêtement un aspect peu hygiénique. Quant au célèbre slip léopard, il est, selon les milieux, symbole de virilité ou de vulgarité. Pour ma part, je le trouve surtout ridicule.

Voir aussi *Baignoire, Draps, Ordures, Papier hygiénique, Protestantisme.*

Sport

Le sport a toujours entretenu avec la couleur des relations étroites et privilégiées. Mais aujourd'hui, la compétition et le spectacle sportifs sont probablement devenus les rituels où la débauche de couleurs est la plus vive et où ces couleurs se déclinent selon les systèmes les plus performants. Existe-t-il, par exemple, un cérémonial plus coloré, mieux codé par la couleur que les épreuves d'athlétisme aux Jeux olympiques ?

Ne pouvant évoquer, dans le court espace d'une notice, la totalité des problèmes soulevés par cette place immense des couleurs dans l'univers du sport, j'ai choisi de me limiter à l'exemple du football et de mettre en valeur trois aspects de celle-ci : sur le terrain, sur les maillots des joueurs, dans le public.

1. Les grands joueurs de football ont ce privilège immense de jouer non pas sur de la terre brute, sèche ou boueuse, mais sur une surface herbeuse, soigneusement entretenue, qui contribue à les isoler du commun des mortels et à délimiter au sol cet espace sacré sur lequel se déroule le rituel du ballon rond. Sous leurs pieds, de l'herbe. Sous leurs pieds, de la couleur verte. Cela n'est ni neutre ni anecdotique. Le vert est en Occident la couleur du jeu et du sport (au sens large de ce mot)

depuis le XIIIe siècle au moins. Certes, les différences sont immenses entre le tournoi féodal et le match de football du XXe siècle finissant, mais l'historien observe ici, dans la longue durée, un certain nombre de permanences chromatiques sur lesquelles il lui est permis de s'interroger. Dans la culture médiévale, le vert est déjà la couleur du jeu parce qu'il est aussi la couleur de la jeunesse, la couleur du mouvement, la couleur de la Fortune. C'est la plus dynamique, la plus instable et la plus ambiguë de toutes les couleurs, celle de la chance et de la malchance, celle du désordre, celle du Diable aussi. Les jeunes et les amoureux s'habillent de vert, comme le font les jongleurs, les bateleurs, les bouffons, les chasseurs. Tous les rituels ludiques et transgressifs ont à voir avec cette couleur, spécialement dans ses pratiques vestimentaires.

A l'époque moderne, ce vert ludique tend à se spécialiser dans le domaine de ce que nous appelons aujourd'hui les « jeux de société ». Cartes, dés, tables, marelles, billards, etc. se jouent de plus en plus souvent, au fil des siècles et des décennies, sur un tapis vert. Le vert devient la couleur emblématique des joueurs, des lieux qu'ils fréquentent, des objets qu'ils manipulent et même des paroles qu'ils prononcent. Dès la fin du XVIe siècle, la *langue verte* désigne en français l'argot des joueurs de cartes et de dés, tel qu'il se parle dans les tavernes et les tripots. Au siècle suivant, le tapis vert des joueurs quitte l'univers des bas-fonds pour faire son entrée dans des maisons de jeux plus aristocratiques et même dans les cours royales et princières. Partout, on place ses pions, ses dés, ses cartes, son argent ou ses billes sur une surface verte, celle des tables de jeux. C'est encore le cas aujourd'hui, aussi bien dans les casinos des palaces que sur les tables des cafés les plus modestes.

Le lien culturel qui unit à travers les siècles le vert de la scène sportive au vert des jeux de hasard et de société me paraît incontestable. Dans les deux cas il s'agit de délimiter et de signaler par une couleur peu usitée dans la vie sociale et dans l'univers quotidien de la ville un espace où ont lieu des activités qui ont à voir avec le hasard, parfois même avec une certaine idée d'ordalie. Le destin se joue « sur le pré ». Parmi les sports, le football n'a évidemment en rien le monopole de ce tapis vert. Jusqu'à une date récente - celle de l'apparition des surfaces synthétiques (pistes d'athlétisme, terrains de tennis, etc.) - tous en ont plus ou moins fait usage, pour des raisons à la fois matérielles (l'herbe permettait d'adoucir le contact des pieds avec le sol) et, surtout, symboliques. Au reste, ce qui souligne cette primauté des enjeux symboliques sur les contraintes matérielles se lit pleinement dans les sports de salle : le terrain y est presque toujours vert, alors que l'herbe y a été remplacée par des matériaux de toutes natures. De tous les sports, le tennis de table (notre ping-pong), qui se joue sur une table immuablement verte, me semble être celui qui fait le mieux sentir cette totale parenté symbolique entre un terrain de sport et un tapis de jeu.

Dans la symbolique de notre temps, la couleur verte n'est plus seulement celle du hasard, du jeu, de l'argent et de la transgression. Elle est devenue aussi celle de la nature, de la santé, de l'hygiène du corps (pensons aux croix des pharmacie, aux jardins publics, aux emblèmes et aux noms des mouvements écologistes). Tout cela ne peut que bénéficier au sport et l'inciter à s'emblématiser encore davantage dans ce vert que nos sensibilités contemporaines ont considérablement revalorisé. Il n'y a pas si longtemps, le vert faisait peur, il portait malheur. Aujourd'hui, il procure la joie, conserve la jeunesse, fortifie la santé. Longtemps encore les terrains de sport resteront verts.

2. Visuellement, le vert de la pelouse constitue comme une surface monochrome sur laquelle s'agitent et se déta-

chent des acteurs en tenue polychrome. Toutefois cette polychromie n'est qu'apparente. A y regarder de près - mais les joueurs sont-ils mis en scène pour être vus de près ? - le bariolage vestimentaire se révèle moins débauché que vu du fin fond des tribunes et toujours soigneusement codé. Les couleurs se déclinent sur les maillots, sur les shorts, sur les bas et même parfois sur les chaussures selon des systèmes rigoureux et contraignants. Il n'est évidemment pas possible d'en faire ici une étude historique ou sémiologique véritable, mais il faut souligner, et regretter, qu'une telle étude n'a encore tenté aucun chercheur.

L'histoire emblématique et chromatique de ces codes textiles serait pourtant riche d'enseignements. Comme tous les sportifs de la fin du XIXe siècle et du début du XXe, les joueurs de football ont d'abord revêtu des tenues noires, puis des tenues blanches, enfin des tenues noires et blanches. Les « couleurs » proprement dites - dans la culture occidentale moderne et contemporaine, l'habitude est prise d'opposer le monde du noir et blanc à celui des couleurs, ce que ne faisaient ni les hommes du Moyen Age ni ceux de l'Antiquité - ne sont apparues que plus tard. Vers 1900, en effet, il aurait été socialement déshonnête et hygiéniquement malsain de s'exhiber et de se démener en rouge, en jaune ou en vert sur un terrain de sport. Seuls le noir et le blanc étaient considérés non seulement comme des couleurs « morales » mais aussi comme des couleurs salubres. Nous retrouvons là un vieil héritage transmis par les valeurs de la Réforme protestante et, à sa suite, par celles de la société industrielle : ce qui touche le corps doit être pur, c'est-à-dire blanc ; ce qui est montré au dehors doit être digne, c'est-à-dire sombre. La couleur bleue est apparue ensuite, et c'est elle qui a servi de relais entre cet univers en noir et blanc de la vie sportive à ses débuts et la diffusion des autres couleurs à partir des années vingt de notre siècle. Ici comme ailleurs, le bleu, spécialement le bleu marine, a fonctionné d'abord comme un substitut du noir, comme une couleur qui tout en restant « morale » pouvait prendre une tonalité moins austère. Puis, progressivement, on est passé du bleu marine primitif vers d'autres bleus, plus clairs, plus vifs, moins tristes ou moins uniformes. Enfin le rouge est apparu, d'abord en Allemagne et en Grande-Bretagne, ensuite dans le reste de l'Europe.

Cette arrivée et cette diffusion massive du rouge sur les maillots des joueurs de football, vers 1920, a ouvert la porte à toutes les autres couleurs. Mais celles-ci ne s'y sont engouffrées que lentement. Dans la décennie 1920-1930, le jaune, l'orangé et le violet sont encore excentriques, presque ridicules. Rares sont les grandes équipes européennes qui adoptent de telles couleurs (elles existent cependant). Quant au vert, il est délaissé parce qu'il pourrait être confondu avec celui de la pelouse.

Ainsi, avant la Seconde Guerre mondiale, la plupart des équipes européennes jouent surtout soit tout en noir, soit tout en blanc, soit en bleu et blanc, soit en rouge et blanc. En fait, il faut attendre les lendemains de la dernière guerre, et même les années cinquante, pour que s'opère une véritable diversification polychrome. L'exemple est venu d'Amérique du Sud et a touché l'Europe par l'Espagne et le Portugal, plus tard par l'Italie. Il a mis longtemps encore avant d'atteindre les pays de l'Est, où les morales sportives de la couleur ont toujours été plus fortes qu'ailleurs (pensons aux inquiétantes tenues grises, dans lesquelles jouaient encore récemment un certain nombre d'équipes nationales de la République démocratique allemande). En France, ce sont les succès de clubs « jeunes », comme Nantes (les « Canaris ») et Saint-Étienne (les « Verts ») qui ont contribué, dans les années soixante et soixante-dix, à répandre ces deux couleurs autrefois délaissées.

Dans les vieux pays de football existent ainsi des

« couches chromatiques » successives, et il est parfois possible d'évaluer l'ancienneté d'un club au seul vu de ses couleurs.

Ce rapide survol demanderait cependant à être précisé et nuancé. Il faudrait par exemple étudier, pour les équipes de club, comment l'héraldique urbaine a pu ou non décider des couleurs du maillot. La similitude entre les couleurs de la ville et celles du club de football est loin d'être un cas général. D'autant que les grandes villes possèdent souvent plusieurs clubs et que ceux-ci doivent nécessairement se différencier. Il existe donc des couleurs emblématiques de quartiers. Parfois celles-ci remontent très loin, et le football ne fait que prolonger des usages chromatiques nés plusieurs siècles avant l'apparition de ce sport. A Sienne, à Florence et dans plusieurs villes d'Italie du Nord, les couleurs de ces « quartiers »n'ont pas changé depuis le XIIe ou le XIIIe siècle. Dans d'autres cas, c'est au contraire le football qui a donné naissance à cette emblématique de quartier, la couleur du club devenant celle du quartier. Les exemples de Londres, de Glasgow, de Berlin en sont les plus connus. Mais il en est beaucoup d'autres (Madrid, Barcelone, Milan, Lisbonne, etc.).

A l'origine des couleurs d'un club devenues couleurs de telle ou telle partie de la ville peuvent se trouver les couleurs d'une paroisse, d'une fabrique, d'une entreprise, d'une corporation, etc. Des enquêtes détaillées seraient ici indispensables pour dresser une typologie des motifs qui font que les clubs s'emblématisent dans telle combinaison de couleurs plutôt que dans telle autre. Dans bien des cas, malheureusement, les clubs - les grands comme les petits - n'ont guère conservé d'archives anciennes et ne savent plus ni pourquoi ni depuis quand ils jouent avec les couleurs qui sont les leurs (et qui parfois leur ont donné un nom d'usage plus célèbre que leur nom officiel : les *Reds* de Liverpool, les *Bianconeri* de Turin, etc.). Sur les terrains de football comme sur les chemins de la vie, les signes continuent de fonctionner pleinement alors que depuis longtemps acteurs et spectateurs ont perdu le souvenir de leur naissance. Au reste, cette perte de souvenir est peut-être en elle-même la preuve ou la garantie de leur bon fonctionnement.

Une autre enquête fructueuse consisterait, au sein d'un club donné, à étudier dans le détail l'ensemble de la panoplie de couleurs dans laquelle on puise pour habiller les différentes équipes du club. Sont-ce toujours les mêmes couleurs, les mêmes combinatoires ? Ou bien y a-t-il des différences entre l'équipe première et les autres, entre l'équipe senior et les nombreuses équipes de jeunes ? Comment toutes ces couleurs se positionnent-elles les unes par rapport aux autres ? Y a-t-il hiérarchie, échos, systèmes ? En outre, existe-t-il des couleurs « secondaires » stables, que le club adopte chaque fois (cas fréquent) qu'il doit affronter un adversaire qui porte des couleurs semblables et que donc, pour la circonstance, l'une des deux équipes doit momentanément abandonner ?

Ce qui vaut pour les équipes de club vaut aussi pour les équipes nationales. Les couleurs du drapeau ne sont pas obligatoirement celles du maillot. L'exemple de l'équipe nationale italienne - la *squadra azzurra* - qui a fait triompher son célèbre maillot bleu (couleur absente du drapeau italien) sur tous les terrains du monde, en est bien sûr le plus connu, mais il en est d'autres. Les raisons de ces écarts sont diverses. Parfois, seule une des couleurs du drapeau a été retenue. Parfois les bouleversements de l'Histoire ont changé les couleurs du drapeau mais pas celles du maillot. L'Allemagne continue ainsi de jouer en blanc et noir, alors que son drapeau est devenu noir, rouge et jaune. Quant aux Pays-Bas, ils ont conservé un maillot orange (couleur « parlante » de la dynastie d'Orange-Nassau), alors que sur le drapeau national, au cours des dernières décennies, l'orange a peu à peu laissé sa place au rouge.

Parfois, au contraire, les marques du football se montrent plus instables que celles de l'identité nationale. Ces dernières années, par exemple, les joueurs belges - les anciens « diables rouges » - ont été vêtus de maillots non plus rouges mais oranges, mauves, violets et même bruns, chaque sponsor de l'équipe nationale imposant tour à tour ses goûts, ses choix et sa vulgarité.

Toutes ces mutations, tous ces écarts ne sont ni neutres ni anecdotiques. Ils répondent à des motifs qui demanderaient eux aussi à être étudiés attentivement, parce qu'ils soulignent combien le football est toujours pleinement immergé dans des faits de culture et de société dépassant très largement le cadre du seul sport. Enjeux et conséquences en sont parfois considérables. Prenons par exemple le problème de l'acculturation chromatique qui aujourd'hui, à l'échelle de la planète entière, s'opère au bénéfice des valeurs, des codes et des pratiques de l'Occident. Il est indéniable que le football international - et la médiatisation planétaire qui l'accompagne - est un des domaines où l'Occident peut imposer, de la manière la plus efficace et la plus perverse, ses systèmes et ses définitions de la couleur. Pourrait-on tolérer, imaginer même, qu'une équipe africaine, par exemple, jouent en deux nuances de bruns, l'une sèche et l'autre humide (articulation essentielle dans la plupart des systèmes africains de la couleur), ou bien, plus simplement, en couleurs délavées ou tachetées ?

3. De bonne heure, le football a cessé d'être simplement un jeu pour devenir aussi un spectacle. Puis, au fil des années, le spectacle a progressivement pris le pas sur le jeu - du moins dans le football de haut niveau où le hasard, c'est-à-dire l'essence même du jeu, est de plus en plus rare - et cette mutation s'est constamment accompagnée d'une accentuation et d'une diversification de la

présence de la couleur, aussi bien sur le terrain que dans les tribunes. Un grand match de football constitue aujourd'hui un véritable rituel de la couleur.

J'ai déjà parlé de ce que l'on voyait sur le terrain, où la coloration de plus en plus bariolée des maillots a suivi une courbe continue. Le jeu en nocturne, la médiatisation des compétitions et surtout les reportages télévisés en couleurs (qui obligent à modifier jusqu'à la couleur du ballon) ont depuis une quinzaine d'années fortement accéléré et intensifié ce processus. Mais ce qui est vrai du terrain l'est aussi des gradins. La panoplie vestimentaire des spectateurs - comme du reste celle de la société dans son ensemble - a peu à peu pris ses distances avec ces tons gris, bleus, noirs qui dominaient encore dans le costume masculin il y a à peine un quart de siècle. Un public plus jeune et plus diversifié a contribué à répandre dans les tribunes un bariolage faisant écho à celui de la pelouse. D'autant que les supporters ont pris l'habitude d'agiter sur divers supports textiles les couleurs de leur club favori, parfois même de s'en vêtir. Cette dynamique de la couleur forme désormais comme un écho indispensable entre acteurs et spectateurs : elle assure le bon fonctionnement du rituel et enrichit sa théâtralité.

Certes, en ce domaine, le football n'a pas de monopole. Cette théâtralité est devenue une dimension importante du spectacle sportif médiatisé. Elle concerne tous les « grands » sports. Mais il me semble qu'il y a dans le football quelque chose de plus, qui renforce cette dynamique de la couleur et fait de la polychromie une polyphonie totale. Cela tient au bruit et au mouvement de la foule, au grand nombre des spectateurs, à leurs gesticulations, à leurs hurlements, à leurs excès, aux fusées lumineuses, aux pétards, aux feux de bengale, à la violence, au sang qui coule, aux bannières que l'on brûle, au déploiement des forces de police, des brancardiers, des infirmiers. Cela tient aussi au gigantisme du terrain, à celui de la piste qui l'entoure, au stade dans son ensemble, aux marques et panneaux de toutes natures qui organisent l'espace et hiérarchisent la foule. Cela tient également aux démonstrations colorées qui précèdent le match, qui l'interrompent à la mi-temps, aux maillots que l'on échange après le match, aux détritus qui jonchent le sol une fois le spectacle terminé. Cela tient surtout à la publicité, qui a désormais totalement envahi le monde du football. Présente partout, sur tous supports, textiles ou métalliques, statiques ou dynamiques, (les maillots des joueurs eux-mêmes, par exemple), la publicité participe pleinement de cette liturgie collective dont la couleur et le bruit semblent être devenus les fluides opératoires essentiels.

Et pourtant... Pourtant tout ce qui vient d'être dit de la couleur ne s'applique pas, loin s'en faut, au football dans son ensemble. Cela ne concerne que le football de haut niveau, les joueurs professionnels, les grandes compétitions, les spectacles à portée médiatique. Le monde des amateurs, les matchs « du dimanche », les rencontres scolaires, les parties de rue ou de cour de récréation n'ont pas droit à cette symphonie polychrome. Ici pas de pelouse verte, pas de maillots aux couleurs soigneusement codées, pas d'arbitre vêtu de noir, pas de spectateurs agitant dans les tribunes les couleurs de leur équipe, pas de publicité tapageuse et multicolore. Pas de projecteur, pas de feux de bengale, pas de sang, quelques cris et quelques couleurs délavées où dominent les tons de gris. Le terrain est souvent un terrain vague, au sol dur ou boueux, entouré d'immeubles lépreux ou d'entrepôts désaffectés. Le ballon est un vieux ballon dont il faut prendre soin car le remplacer serait difficile. Parfois il n'est pas en cuir, luxe inaccessible, mais en caoutchouc. L'arbitre est un des accompagnateurs bénévoles, qui souvent a gardé sa tenue de ville, ou bien un des joueurs que seul, parfois, un sifflet distingue des autres joueurs. La couleur n'est pas là mais le plaisir est présent. On ne s'exhibe pas mais on joue, on joue vraiment. Un football débridé, offensif, authentique. Le score est élevé. Le temps est maussade. Il fait froid. Il va pleuvoir.

Voir aussi *Arbitre, Drapeau, Judo, Olympiques (anneaux), Ski.*

Synonymie

La synonymie absolue, on le sait, n'existe pas. Dans le vocabulaire des couleurs c'est peut-être encore plus vrai que dans n'importe quel autre champ du lexique. Un mot comme *rouge* ne peut être remplacé par aucun synonyme. Aucun terme n'a avec lui une analogie suffisante de sens et d'emploi pour s'y substituer dans n'importe quel contexte. Des mots comme *grenat, carmin, vermillon* ne désignent que certaines nuances du rouge ; ils ne sont pas interchangeables avec lui, encore moins entre eux. En outre, tous les termes de couleurs sont polysémiques ; les sens et les nuances colorées auxquels ils renvoient peuvent parfois se chevaucher (cela est rare) mais jamais se superposer. De ce fait, l'idée d'une synonymie même approximative entre certains termes de couleurs me semble elle aussi très contestable. Non seulement mauve n'est pas violet (tout le monde en conviendra), mais ce n'est pas non plus lilas, ni parme, encore moins prune, pourpre ou aubergine. C'est pourquoi le lexique des couleurs - le plus poétique qui soit - apparaît comme entièrement rebelle à la redondance. Et sans doute aussi à la traduction.

Voir aussi *Argot, Bas et collants, Beige, Cheval, Marron, Métonymie, Nom, Orthographe, Vin.*

Taureau

Le taureau est-il excité par la couleur rouge ou bien par le mouvement du support sur lequel prend place cette couleur ? A elle seule cette question pose tout le problème des prétendues propriétés physiologiques des couleurs et la légitimité des utilisations (thérapeutiques, médiatiques, urbanistiques, etc.) que l'on cherche à en retirer. Il est évident que le taureau est bien plus excité par le mouvement que par la couleur. Si l'on agite devant lui une étoffe verte, jaune ou bleue, son excitation ne sera pas moindre que devant une étoffe rouge. Au reste, le rouge passe pour une couleur « excitante » surtout dans la culture occidentale (et ce depuis une date relativement récente), pour laquelle il est censé déborder d'énergie, inciter à l'action, éveiller le désir, susciter l'appétit, stimuler la circulation du sang, tonifier le système nerveux, etc.

Ailleurs cela est moins vrai. D'autres couleurs peuvent être jugées plus toniques que le rouge. Ainsi en Afrique centrale, où c'est plutôt dans la gamme des jaunes qu'il faut chercher la couleur la plus stimulante ; ou encore au Japon, où certains tons de blanc (que les langues occidentales auraient bien du mal à désigner d'un qualificatif particulier) ont, au moins autant que les rouges, la réputation de susciter l'ardeur, l'énervement ou la passion.

Dès lors, qu'en est-il des taureaux africains ou japonais ? Entrent-ils en transe devant une étoffe jaune ou blanche ? Derrière cette question en forme de boutade se cache l'immense problème de la perception des couleurs par les animaux. L'homme multiplie les expériences pour étudier la réaction des animaux devant certains stimuli colorés. Il en tire la conclusion que certaines espèces (singes, abeilles, corbeaux) semblent plus sensibles aux couleurs que d'autres, et que certaines couleurs (le rouge, le blanc) et certains types de contraste paraissent être dotés sur les animaux d'un pouvoir d'attraction plus grand. Mais en réalisant de telles expériences - qui bien souvent portent plus sur la lumière que sur la couleur - l'homme fait preuve d'un anthropocentrisme qui interdit tout résultat quelque peu pertinent. En outre, la perception des couleurs étant un phénomène souvent plus social et culturel que biologique ou neurologique, comment l'homme (et il s'agit presque toujours ici de l'homme occidental, qui à l'anthropocentrisme ajoute donc l'ethnocentrisme) espère-t-il appliquer aux animaux des concepts, des techniques d'analyse et des grilles d'observation qui, pour les êtres humains eux-mêmes, ne sont valides que dans des espaces-temps étroitement définis et qui apportent des résultats très différents selon les sociétés et les milieux étudiés ?

Voir aussi *Animal, Cochon, Tests*

Tests

« Dis-moi quelles sont tes couleurs préférées et je te dirai qui tu es ». C'est sur ce principe à la fois simpliste et trompeur que sont construits la plupart des tests prétendant, grâce aux couleurs, cerner (voire révéler !) notre psychologie individuelle la plus profonde. Parfois, aux couleurs préférées s'ajoutent les couleurs détestées. Si j'aime le rouge et que j'abhorre le gris, le test m'apprendra que je suis un « individu dynamique qui fuit la banalité et la morosité de l'existence ». Dans certains cas, pour donner au test un aspect moins sommaire, autorisant des interprétations plus fines, donc plus « scientifiques » (le maître mot est lâché), il ne s'agira plus seulement d'énoncer nos couleurs favorites et nos couleurs détestées, mais de classer par ordre de préférence décroissante un certain nombre (en général 12, parfois 8 ou 16) de couleurs proposées à l'avance. L'analyse s'appuiera sur les séquences internes ainsi constituées et y décèlera tous les « mystères de notre personnalité ». Si par exemple j'ai constitué une séquence interne gris-violet-brun, le test donnera le diagnostic suivant : « Vous êtes très dépendant d'une liaison, d'une relation sexuelle qui vous procure un sentiment d'appartenance et de sécurité. Mais vous vous rendez compte qu'elle ne vous satisfait plus. Oscillant entre des sentiments d'amour et de haine, vous souffrez beaucoup de cette dualité. Car, doutant de vos capacités de réalisation, vous êtes tiraillé entre le désir d'abandonner votre situation actuelle et la crainte de manquer de persévérance pour recommencer une nouvelle vie ».

On reste confondu devant de telles inepties. Croire que le goût et le dégoût en matière de couleurs peuvent relever de la psychologie individuelle, est d'une naïveté totale. Cela conduit en outre à nier tout l'apport des sciences sociales, notamment de l'histoire et de l'anthropologie, à la connaissance des comportements. Ceux-ci sont bien évidemment culturels avant d'être biologiques ou psychologiques. Ce n'est pas parce que l'on est dynamique que l'on aura le rouge pour couleur préférée. Les problèmes ne se posent pas ainsi. C'est uniquement une symbolique culturelle qui aujourd'hui (cela n'a pas toujours été vrai) en Occident (cela est loin d'être le cas partout), accorde au rouge, parmi bien d'autres propriétés, celle d'être une couleur dynamique.

On reste donc confondu mais aussi très inquiet. Car de tels tests, qui relèvent de l'imposture la plus scandaleuse, n'ont désormais plus rien de ludique. Ils servent à des fins bien ciblées, et sont souvent la cause de décisions très importantes. De nombreuses entreprises, par exemple, ont recours à de tels tests au moment de 1'embauche. Les candidats à un emploi doivent s'y soumettre (comme ils doivent aussi se soumettre à des tests graphologiques ou astrologiques !), les résultats étant censés déterminer leur « profil psychologique » (une telle expression finit par donner la nausée) et donc aider à voir si celui-ci convient pour le poste ou la fonction que l'entreprise cherche à pourvoir. L'entreprise n'est du reste pas seule en cause. Parfois ce sont l'école, l'armée ou l'hôpital qui emploient de tels tests pour classer, orienter, hiérarchiser, contrôler ou soigner (!) les individus. Ce qui est proprement effarant. Ces tests de couleurs comptent certainement parmi ce que, dans le domaine de la psycho-sociologie, la société occidentale a produit de plus réducteur, arbitraire et dangereux.

Voir aussi *Animal, Daltonisme, Préférences*

Uni

Dans la nature, la couleur unie n'existe pas. C'est une création de l'homme, et une création relativement récente car pour obtenir une grande surface de couleur vraiment unie, aussi bien en teinture qu'en peinture, il faut attendre la fin du XVIIIe siècle et les progrès décisifs de la chimie industrielle des colorants. Auparavant l'uni reste un horizon théorique : on sait s'en rapprocher, l'obtenir parfois, mais jamais à coup sûr et seulement en petites surfaces. Par là même, par opposition au rayé, au semé, au tacheté, au moucheté, l'uni se trouve valorisé, économiquement, socialement et symboliquement. Une étoffe unie est une étoffe « pure ».

Il reste dans la société d'aujourd'hui quelque-chose de cette symbolique ancienne. Les vêtements unis sont plus chers et plus « chic » que ceux qui ne le sont pas, notamment les vêtements extérieurs, ceux qui se voient. Trouver dans un magasin de vêtements bon marché un pull over, une veste, une robe, une jupe ou un manteau vraiment uni, sans décor ni marque ou logo apparent, est un exercice difficile, spécialement pour les vêtements de femmes et d'enfants. Ce faisant, l'uni joue un rôle de marqueur social, distinguant les classes aisées des classes moins favorisées. Loin de se réduire, cet écart tend au contraire à s'accentuer depuis plusieurs années, notamment chez les jeunes.

Voir aussi *Délavé, Gris, Protestantisme.*

Vert

Offrir une émeraude, porter une robe pistache, tendre ses murs de vert olive ou rouler dans une voiture épinard sont des actes qui ne vont pas de soi et que l'on hésite parfois à commettre. Par pure superstition. La couleur verte est en effet censée porter malheur. Mieux vaut donc ne pas s'en vêtir ni s'y abriter !

Cette mauvaise réputation, que les bijoutiers et les couturiers connaissent bien car elle est surtout le fait des femmes, est ancienne. Au Moyen Age déjà, le vert passait pour maléfique, parce qu'il était la couleur du Diable. On évitait de l'afficher sur soi (d'où sa rareté dans le vêtement et dans les armoiries).

Toutefois, à regarder de plus près l'histoire symbolique du vert dans la culture occidentale, on constate que cette couleur n'est pas tant celle du mal ou du malheur que celle du Destin. Elle est ambivalente : c'est tout à la fois la couleur de la fortune et de l'infortune, de la chance et de la malchance. D'où ses attaches avec les circonstances et les rituels où le hasard intervient. Les tables de jeu sont vertes (depuis le XVIIIe siècle au moins) comme sont verts la plupart des terrains de sport, et comme à l'époque féodale était déjà vert le pré sur lequel se déroulaient les duels ou les ordalies décidant du sort d'un accusé. Qu'il s'agisse de l'herbe du pré, de la feutrine des tables de roulette ou de baccara, du bois des tables de ping-pong ou de la pelouse des terrains de football, la surface où se joue le destin des compétiteurs reste partout associée à la couleur verte. De même, c'est sur le « tapis vert » des conseils d'administration que s'arbitre et se négocie aujourd'hui le sort d'individus ou de populations de toutes natures. Avec le vert, « les jeux sont faits », et ces jeux ont parfois des enjeux considérables.

Il est permis de s'interroger sur les raisons et les origines d'une telle symbolique. Pourquoi le vert est-il si étroitement, et depuis si longtemps, lié à l'idée de sort, de hasard, de chance, de risque et de fatalité ? Pourquoi est-il prioritairement la couleur de ce qui est instable, de ce qui change, de ce que l'on désire ardemment mais qui se révèle aléatoire ou éphémère : la jeunesse, le jeu, l'amour, l'espérance, l'argent même (pensons ici au fameux *billet vert*) ? Existe-t-il un lien entre l'instabilité pigmentaire de cette couleur - que la chimie occidentale des teintures et des peintures a longtemps eu du mal à fixer sur la plupart des supports - et sa fonction symbolique ? Tenter de répondre à cette question, c'est poser l'immense problème des rapports que la technique entretient avec l'idéologie au sein d'une société donnée. La symbolique des couleurs est-elle fille de la chimie des colorants ? Ou bien les progrès de la chimie dépendent-ils de la mutation des symboles ?

Voici comment pourrait se présenter un tableau résumant les différentes fonctions et significations de la couleur verte dans la culture occidentale, telles qu'elles sont évoquées dans les notices du présent dictionnaire :

1. Couleur du destin, de la chance et de la malchance, de la fortune, de l'argent, du hasard, de l'espérance :

- L'émeraude qui porte bonheur ou malheur.
- Le dollar, billet vert, symbole de l'argent et de la réussite.

• Les tapis des jeux de cartes et des jeux de casinos ; la *langue verte*, qui est à l'origine celle des joueurs de cartes.
• La superstition qui entoure la couleur verte : femmes qui ne porteraient jamais une robe verte (ou une émeraude) ; comédiens qui ne veulent pas jouer en vert.
• Tapis verts des conseils d'administration.

2. Couleur de la nature, de l'écologie, de l'hygiène, de la santé, de la fraîcheur :
• Les végétaux, les légumes verts, la diététique.
• La campagne, *se mettre au vert*.
• La chasse, les tenues de chasse.
• Les espaces verts, les *poumons verts* en milieu urbain.
• L'écologie, le mouvement des Verts dans tous les pays, Greenpeace, etc.
• La chlorophylle, les bonbons à la menthe (fraîcheur dans la bouche).
• Les croix vertes des pharmacies (en France ; en Italie elles sont rouges !)
• Le lien historique entre couleur verte et médecine (parce que pendant des siècles toutes les médications sont à base de plantes).
• Hygiène public : poubelles, bennes à ordures, sacs poubelles de couleur verte.
• Le vert couleur calmante : on peint de vert les murs des écoles, des bureaux, des casernes.

3. Couleur de la jeunesse, de la sève qui monte, du libertinage :
• Vert couleur de la jeunesse (depuis le XIIIe siècle au moins).
• *Rester vert*, « être un vieillard encore vert ».
• Vert couleur de l'amour infidèle (par opposition au bleu couleur de l'amour fidèle) et du libertinage : un *vert galant*.
• Vert couleur du désordre, de la transgression.
• Vert couleur de la folie (en association avec le jaune).

4. Couleur de la permission, de la liberté :

• Feux tricolores : le vert opposé au rouge, couleur de l'interdiction de passer, devient la couleur de l'autorisation ; « donner son feu vert ».
• Couleur de la liberté, car couleur et de la nature et de la jeunesse.

5. Couleur du Diable et de l'étrange :
• Couleur du Diable depuis le XIIIe siècle au moins.
• Couleur symbolique de l'Islam (Mahomet portait étendard et turban verts)
• Couleur de ce qui est étrange et inquiétant : *petits hommes verts*, martiens.

6. Couleur acide, qui pique et empoisonne :
• La couleur du poison (*giftgrün* en allemand désigne un vert-jaune).
• Pomme verte.
• Acides.

Vêtement

1. La couleur entretient des rapports privilégiés avec le textile. Celui-ci, toujours et partout, est le « premier » support de la couleur et celui qui fournit au chercheur le matériel documentaire le plus riche et le plus nuancé pour tenter de cerner le statut et le fonctionnement des couleurs au sein d'une société donnée. L'univers du tissu et celui du vêtement sont ceux qui mêlent le plus étroitement les problèmes matériels aux problèmes idéologiques et les problèmes économiques aux problèmes esthétiques. Toutes les questions de la couleur s'y trouvent posées : chimie des pigments, techniques des teintures, contraintes financières, enjeux commerciaux, recherches esthétiques, préoccupations symboliques, organisation de codes sociaux de toutes natures. L'étoffe

et le vêtement sont par excellence des lieux de recherche pluridisciplinaire sur la couleur.

Cela dit, historiens et sociologues du vêtement parlent rarement des couleurs. Pour des raisons documentaires (l'habitude qu'ils ont eue, pendant des décennies et des décennies, de travailler à partir de photographies en noir et blanc) et, surtout, pour des raisons « épistémologiques » (n'ayons pas peur des grands mots) : l'étude du vêtement est fréquemment réduite à une archéologie des formes et néglige ou occulte les systèmes et les enjeux sociaux qui la sous-tendent. Or la couleur est une donnée essentielle de tous les codes vestimentaires. Sa fonction est taxinomique et emblématique (classer des individus dans des groupes et ces groupes dans l'ensemble de la société) avant d'être psychologique ou esthétique. Le vêtement n'est du reste jamais une réalité individuelle mais une réalité institutionnelle, qui obéit à des normes, qui est soumise à des systèmes hiérarchiques, qui subit et répand des règles classificatoires. Il représente pour l'étude de toute société un champ d'observation privilégié.

Dans le vêtement des époques anciennes, tout est signifiant : les tissus (matière, texture, provenance, décor), les pièces et les formes, le travail de coupe et d'assemblage, les accessoires, la façon de porter le vêtement et bien sûr, les couleurs. Il s'agit d'exprimer par des signes conventionnels, plus ou moins réglementés selon les époques, les régions et les milieux sociaux, un certain nombre de valeurs et d'en assurer les contrôles correspondants. Consciemment ou inconsciemment, chacun porte le vêtement de son état ou de son rang. Il n'en va guère différemment dans le vêtement contemporain. Partout la fonction taxinomique prime le rôle utilitaire ou les préoccupations affectives et esthétiques. Le vêtement sert à classer, et c'est d'abord par la couleur qu'il le fait. Le goût individuel est quelque chose de tout à fait secondaire et, pour le sociologue comme pour l'historien, toute approche purement psychologique ou phénoménologique du fait vestimentaire n'a guère de fondement. L'adolescent, le marginal, le révolté qui par provocation fait exprès de se vêtir en transgressant toutes les habitudes, toutes les modes et toutes les règles de son âge, de son milieu, de son époque ou de son pays (notamment pour ce qui concerne les couleurs) est, encore plus que n'importe qui, prisonnier des modes et des usages vestimentaires, en tant que ceux-ci sont des institutions contraignantes au service de l'ordre social. Se vouloir différent, se proclamer irrespectueux des modes, c'est montrer que l'on n'est en rien différent et totalement esclave de la mode.

2. Celle-ci est un fait de société ancien. A partir du XIVe siècle, en Europe occidentale, toutes les époques l'ont plus ou moins connue ; mais elle fut longtemps (jusqu'à la fin du XVIIIe siècle ?) limitée à telle ou telle classe sociale privilégiée. En outre, pour l'historien du vêtement, la grande difficulté est de ne pas projeter anachroniquement dans le passé notre conception actuelle du phénomène de mode. De nos jours, appuyée sur des notions de valeur, de norme, de nouveauté, d'écart, de changement, elle concerne une très large part de la société et porte sur tous les éléments du vêtement, y compris et surtout la couleur. Mais ici la notion de couleur doit être prise dans toute son étendue et englober aussi bien les enjeux de coloration que ceux de lumière ou de matière. Un bleu dense peut être démodé au moment où un bleu de même tonalité, mais désaturé, triomphe.

Depuis la fin du XIXe siècle, la mode fait alterner ou changer les couleurs par demi-saisons. Mais en ce domaine, les créateurs de vêtements sont fortement tributaires des fabricants de tissus. C'est avec ces derniers que les couturiers, les stylistes ou les grossistes débattent, trois ou quatre ans à l'avance (parfois plus), des couleurs qui seront proposées à la clientèle trois ou quatre ans plus tard. La mode en matière de couleurs n'est jamais un phénomène spontané, inattendu, et le public a rarement son mot à dire. Tout est préparé de longue date. Tout au plus les acheteurs peuvent-ils accentuer une tendance ou bien, surtout pour la saison d'été, mettre en exergue une couleur dans la palette des trois ou quatre couleurs proposées par les fabricants de vêtements et de tissus.

Au reste, croire que l'on peut choisir la couleur des vêtements que l'on achète est d'une grande naïveté. Quand nous entrons dans un magasin avec l'idée d'acheter un vêtement de telle couleur, presque toujours cette couleur n'est pas disponible pour le modèle qui nous plaît, ou dans la taille qui est la nôtre, ou pour ce qui concerne la fourchette de prix que nous nous sommes fixée. Nous nous rabattons sur une autre couleur et, parmi celles qui sont disponibles, opérons un choix « par soustraction », retenant celle qui nous déplaît le moins.

Comme lorsque nous achetons une voiture, une bicyclette, un meuble, une salle de bains, etc. : notre choix d'une couleur est presque toujours, par le jeu des disponibilités et des approvisionnements, un second choix, un moindre mal. Puissent les historiens à venir qui étudieront notre société s'en souvenir, et ne pas nous attribuer des goûts et des préférences qui ne sont pas vraiment les nôtres !

Voir aussi *Arbitre, Blue jean, Enfants bleus, Sous-vêtement, Sport, Voiture.*

Viande

La couleur que présentent les aliments joue aujourd'hui un rôle essentiel dans les stratégies de vente. Elle constitue le premier contact visuel que le consommateur établit avec le produit qu'il se propose d'acheter. Certaines colorations lui paraissent attester la bonne qualité de ce produit et d'autres non. Tout cela est totalement subjectif, varie d'une région à l'autre, d'une génération à l'autre, voire d'une mode à l'autre. Mais les vendeurs sont obligés d'en tenir compte, surtout pour les produits frais vendus en grande surface, là où le client est libre de choisir lui-même ce qu'il achète, de prendre son temps, d'examiner minutieusement et de reposer ce qui ne lui plaît pas. Il faut donc trouver la nuance de couleur la plus attractive pour chaque produit proposé. Ce qui n'est pas facile.

Pour la viande encore moins que pour tout autre aliment. De nos jours, les consommateurs recherchent des viandes de veau très claires, des viandes de porc bien roses et des viandes de bœuf rouge vif. Or les facteurs qui déterminent la couleur d'une viande sont très nombreux : la race de l'animal, la sous-espèce à laquelle il appartient, son sexe, son âge, son poids, son alimentation, ses modes de vie, les conditions dans lesquelles il a été abattu, découpé, désossé, la partie de son corps concernée, le morceau présenté, etc. Tout cela forme une quantité de paramètres difficiles à maîtriser. Producteurs et vendeurs trichent donc un peu, parfois en ayant recours à des colorants (ce que la plupart des législations réglementent sévèrement, ou interdisent totalement), plus souvent en jouant, dans le lieu de vente, sur l'éclairage, l'emballage, le conditionnement, le présentoir. Il faut à tout prix susciter l'impression de fraîcheur. Ce qui naturellement est plus aisé avec le vert des fruits et des légumes qu'avec le rouge ou le rose des différentes viandes.

Voir aussi *Aliments, Cochon, Rose, Saumon.*

Vin

Nous appelons *vin blanc* un vin qui est jaune et *vin rouge* un vin qui n'a presque rien de rouge. De même, nous qualifions de *noir* un raisin qui est violet, et de blanc un raisin qui est soit vert soit jaune. Cela dans la plupart des langues et depuis la nuit des temps (ou presque).

Ces écarts entre la couleur réelle et la couleur nommée à propos de produits à fortes dimensions symboliques et anthropologiques, comme le vin et le raisin, nous rappellent combien les couleurs sont avant tout des codes sociaux, des conventions, des étiquettes. Leur fonction première est de distinguer, de classer, d'associer, d'opposer, de hiérarchiser. Le vin et le raisin ont reçu leurs étiquettes colorées à une époque très ancienne, lorsque seules trois couleurs - le blanc, le rouge, le noir : les trois couleurs « de base » dans la civilisation occidentale comme dans la plupart des autres civilisations - étaient sollicitées pour organiser de tels codes. Les autres couleurs, qui existaient matériellement mais qui jouaient un faible rôle dans l'univers idéologique et dans les systèmes symboliques, ne pouvaient pas encore remplir de telles fonctions. Dire qu'un vin était jaune ou un raisin violet n'aurait alors guère eu de sens. Les qualifier de blanc, de rouge, de noir leur conférait en revanche une authentique fonction sociale, permettait de les inclure dans toutes sortes de systèmes et de rituels, et leur donnait une véritable dimension poétique et mythologique. Toutes caractéristiques que le vin et le raisin ont conservé jusqu'à aujourd'hui.

En langage œnologique, on ne parle pas de la couleur d'un vin mais de sa robe. Comme pour les chevaux, celle-ci peut revêtir des nuances variées, qui se qualifient par un vocabulaire aussi pédant qu'imprécis.

Voir aussi *Cheval, Couleur, Ivresse, Nom.*

Violet

La dernière décennie a été marquée par une « montée » des tons violets dans le vêtement et sur les objets de la vie quotidienne. Des nuances de couleurs naguère jugées abominables (mauve saturé, grenat violacé, fuchsia agressif, magenta surtout) abondent aujourd'hui sur les tenues de sport et sur celles de écoliers. Et des associations de couleurs qui, jusqu'à une date récente étaient considérées comme une effroyable faute de goût, sont désormais fréquentes. Ce sont même des associations à la mode, comme le consternant et récurrent couple vert et violet ; ou encore rose et violet, vert et rose, orange et noir, voire rose et orange, summum actuel de la frime « branchée ».

L'amoureux des couleurs ne peut que s'affliger de ces combinatoires nouvelles qui accordent au violet une si large place. Contrairement à ceux de la nature - où du reste ils sont rares - la plupart des violets fabriqués par l'homme sont désagréables à l'œil, surtout ceux qui tendent vers le rose. Les poser sur des tissus synthétiques bon marché et intensifier leur luminosité en ayant recours au procédé fluo relève parfois de la provocation, de la transgression pour la transgression.

Notons que nos ancêtres voyaient et concevaient le violet différemment de nous. Depuis les expériences de Newton et la mise en valeur du spectre, nous plaçons le violet à mi-chemin entre le rouge et le bleu. A l'école, tous les élèves apprennent que pour faire du violet il faut mélanger du rouge et du bleu. Pour les sociétés anciennes, il n'en est rien. Le violet n'entretient que fort peu de rapport avec la couleur rouge (contrairement au pourpre) ; il est davantage perçu comme un bleu foncé, proche du noir. Souvent, il apparaît même comme un sous-noir (d'ou l'emploi du mot *subniger* pour le désigner en latin médiéval) ou comme un demi-noir ; qualité qu'il a conservée dans la liturgie et dans les rituels du deuil : grand deuil,noir ; demi-deuil, violet.

Voir aussi *Lilas, Magenta, Rose.*

Voiture

1. Depuis la dernière guerre, plusieurs enquêtes d'opinion ont montré que la couleur était non seulement un critère de choix très important lors de l'achat d'une voiture, mais parfois même le critère le plus important après le prix. Plus que la marque, plus que le modèle, plus que les performances ou tout autre qualité, ce qui compte pour une large partie des acheteurs, c'est la couleur du véhicule. Abasourdis par une telle révélation, les constructeurs d'automobiles ont d'abord décidé, dans les années cinquante, de ne guère en tenir compte. Par la suite, sous la pression de la demande, ils furent conduits à revoir quelque peu leur politique en matière de palette et à prendre davantage en compte les souhaits du public et les caprices de la mode. Mais ils l'ont toujours fait avec

une certaine réticence, pour ne pas dire avec une certaine répugnance. Pour les ingénieurs et les techniciens, la couleur de la carosserie représente quelque chose d'insignifiant. D'autant que sur la chaîne de fabrication, le travail de peinture intervient en dernier. Seuls les « commerciaux » savent (ou devraient savoir) l'importance de la couleur dans les stratégies de vente. Mais dans le domaine de l'industrie automobile leur activité est sans doute loin d'être jugée comme le secteur le plus noble (faut-il au demeurant le regretter ?).

Cette situation explique en partie - mais en partie seulement - pourquoi il reste si difficile aujourd'hui encore de choisir la couleur de sa voiture au moment de l'achat, même quand il s'agit d'une voiture neuve. Certes, le vendeur propose un nuancier diversifié, mais les possibilités de choix sont en réalité très restreintes : telle couleur n'est pas disponible avant six mois, telle autre exige un supplément de prix, telle autre encore n'existe pas pour le modèle retenu, ou bien est incompatible avec telle ou telle option. Le choix du client se fait donc par soustraction, à partir des trois ou quatre teintes disponibles. Il élimine ce qui lui répugne et choisit, non pas la teinte qu'il aime, mais celle qui lui déplaît le moins - ce qui est très différent (ces problèmes de choix par élimination, ou par moindre déplaisir, se posent en termes très voisins pour l'achat d'un vêtement). Choisir réellement la couleur de sa voiture demeure, aujourd'hui encore, un pur horizon théorique.

Par là même, les savantes conclusions auxquelles parviennent les sociologues et les psychosociologues (!) lorsqu'ils font des statistiques sur les couleurs préférées en matière de voitures, par régions, par pays, par décennies, par milieux sociaux, restent très fragiles. Les chiffres traduisent plus le manque d'imagination, le mauvais goût, le passéisme moral ou l'infantile désir d'innovation des constructeurs que les préférences réelles du public.

2. Nous sommes tous cependant, que nous le voulions ou non, jugés, classés, hiérarchisés, mis en chiffres et en discours d'après la couleur de notre voiture (et de bien d'autres choses encore). Et pourtant cette couleur ne correspond pour ainsi dire jamais à notre goût profond, et rarement à l'image que nous souhaitons donner de nous-mêmes. Il y a là comme un scandale. Une voiture aux couleurs vives et inhabituelles fera de nous un conducteur excentrique et provocateur ; une voiture rouge, un dangereux fou du volant ; une voiture noire, un individu austère ou un personnage officiel. Les voitures blanches ou jaunes sont jugées plus féminines ; les voitures vertes, plus jeunes ; les voitures marron, moutarde ou orange, de très mauvais goût. Les tons gris et bleus, en revanche, passent pour sobres et/ou élégants. Du moins en France, en 1999. En Allemagne, en Italie, aux États-Unis, les connotations qui se greffent sur la palette des carrosseries sont quelque peu différentes. Et en France même, ce qui vaut pour la sensibilité d'aujourd'hui ne valait pas il y a vingt ans et sera peut-être obsolète dans cinq ou dix ans. La symbolique des couleurs est toujours étroitement culturelle ; elle diffère dans l'espace et change avec le temps. Elle peut en outre s'inverser ou se transgresser pour déboucher sur de nouveaux systèmes de valeurs. Conduire une voiture rose ou vermillon quand on est un honnête père de famille ou un respectable notaire de province, peut être un moyen de montrer que l'on est d'une honnêteté ou d'une respectabilité telle que l'on peut s'offrir le luxe d'échapper au code.

3. Tout le monde, cependant, ne peut pas se comporter ainsi. D'autant que les règlements et les taxinomies administratives collent quelquefois (cela est rare, heureusement) sur le dos des conducteurs des étiquettes colorées préétablies dont ils ont du mal à s'affranchir. Je me souviens très bien qu'au début des années soixante, par exemple, certaines compagnies d'assurances faisaient

payer une taxe spéciale aux propriétaires de voitures rouges. Non pas parce qu'elles étaient rouges mais parce que, étant rouges, elles étaient conduites par des conducteurs jeunes, c'est-à-dire par des conducteurs passant pour avoir plus d'accidents que la moyenne. Une telle pratique, qui est à peine vieille d'une génération, nous semble aujourd'hui inconcevable, totalement arbitraire. Certains assureurs diront même qu'elle n'a jamais existé. Et pourtant...

Au reste, j'ai eu moi-même la preuve du reliquat de cette connotation particulière de la voiture rouge au début des années quatre-vingts. Désirant acheter une voiture d'occasion, j'ai pu bénéficier d'un prix très avantageux parce que j'ai choisi (par soustraction, bien sûr) un véhicule ordinaire et placide, mais dont la carrosserie était rouge vif. Le vendeur m'a expliqué que ce modèle plaisait aux personnes âgées ou rangées, peu éprises de vitesse ou de performances sportives, mais que la couleur leur déplaisait ; en revanche, la clientèle plus jeune, qui aurait pu être séduite par une telle teinte, agressive et dynamique, trouvait le modèle « ringard » et le moteur « poussif ». La voiture était donc invendable, à moins de consentir à l'acheteur un rabais alléchant. Ce qui fut fait.

4. Ces observations étant faites et les limites des enquêtes socioculturelles sur la couleur des voitures étant soulignées, il est néanmoins possible de dégager quelques grandes tendances dans l'histoire des carrosseries de voitures automobiles, depuis leur apparition à la fin du XIXe siècle. On peut même grossièrement distinguer trois périodes. Des origines aux lendemains de la Seconde Guerre mondiale, la plupart des automobiles étaient soit noires ou grises, soit blanches ou crème, l'absence de « vraie » couleur étant due non pas à des questions techniques, liées à la chimie industrielle des colorants, mais bien à des considérations de morale sociale. Fille du capitalisme et de la société industrielle, donc

souvent des valeurs protestantes, la voiture à ses débuts se devait - comme beaucoup d'autres objets et produits - d'afficher des couleurs discrètes, honnêtes, dignes de respectables citoyens et de vertueux chrétiens (pensons ici au grand Henry Ford, fondateur de la dynastie, qui par puritanisme ne voulait vendre que des voitures noires). A partir des années cinquante et jusqu'au milieu des années soixante-dix, la tendance s'inverse, les voitures noires ou blanches se font plus rares, les voitures « en couleurs », plus nombreuses. Puis, depuis une quinzaine d'années, le mouvement de balancier est reparti dans l'autre sens : la mode n'est plus aux couleurs vives mais aux couleurs sobres et sombres, spécialement le gris. Pour combien de temps ?

A l'intérieur de ces cycles de longue durée, se placent des cycles de durée plus courte, souvent limités géographiquement. Mais avec toujours ces mouvements de balancier caractéristiques des phénomènes de mode et de snobisme. Quand tout le monde a une voiture noire, le « grand chic » est d'avoir une voiture rouge ou jaune. Quand tout le monde possède une voiture de couleur vive, le fin du fin est d'avoir une voiture grise. Et plus nous avançons vers la fin de notre siècle, plus ces mouvements d'inversion - qui concernent aussi bien la voiture que le vêtement, la maison, les objets de la vie quotidienne, la couverture des livres et des magazines et jusqu'aux paquets de cigarettes - obéissent à des rythmes rapides, perturbant ainsi totalement les échelles de valeurs (et donc les classifications sociales) construites sur la couleur.

Voir aussi *Cigarettes, Livre, Mode, Protestantisme, Vêtement.*

Orientation bibliographique

Les publications sur la couleur sont innombrables mais souvent décevantes. Notamment les publications récentes, prétendant étudier la psychologie ou la symbolique des couleurs. Il s'agit d'une littérature fréquemment ésotérisante, jonglant avec le temps et avec l'espace, cherchant des archétypes ou une « vérité » transculturelle de la couleur, et donc sans aucun intérêt ni pour le chercheur ni pour le grand public.

Afin de ne pas se noyer dans cet océan bibliographique, on consultera avec profit la bibliographie critique publiée par la Société des amis de la Bibliothèque Forney et par le Centre français de la couleur :

Indergand (Michel), *Bibliographie de la couleur*, Paris, 1984 (bibliographie rétrospective ; supplément pour la période 1984-1989 établi par Philippe Fagot, Paris, 1989).

Dans le domaine de la couleur, les publications collectives sont souvent plus riches d'informations que les entreprises individuelles. Sociologues, anthropologues et historiens ont ainsi publié les actes de colloques interdisciplinaires fructueux :

Meyerson (Ignace) éd., *Problèmes de la couleur*, Paris, 1957.

Torney (Serge) éd., *Voir et nommer les couleurs*, Nanterre, 1978.

Eco (Renate) éd., *Colore : divietti, decreti, discute* numéro spécial de la revue *Rassegna* (Milan), vol. VII, 23/3, septembre 1985.

Centre français de la couleur, *Actes du Colloque mondial sur la couleur* (Monte-Carlo, 1985), Paris, 1985.

Paradoxes de la couleur, numéro spécial de la revue *Ethnologie française*, 20/4, oct.-déc. 1990 (publication faisant suite à un colloque qui s'est tenu à Paris, au Musée des arts et traditions populaires, en juin 1988).

De même, les catalogues d'exposition constituent toujours des instruments de recherche et des outils documentaires de qualité. Citons en trois, touchant aux pratiques sociales et artistiques de la couleur :
Weisse Westen, rote Roben. Von den Farbenordnungen des Mittelalters zum individuellen Farbgeschmack, Berlin, 1983 (catalogue établi par Heide Nixdorff et Heidi Müller).
Sublime indigo (exposition Marseille, mars-mai 1987), Fribourg, 1987 (catalogue réalisé sous la direction de Françoise Viatte).
Des teintes et des couleurs (exposition Paris, mai-juillet 1988), Paris, 1988 (catalogue établi sous la direction de Martine Jaoul et publié dans la série *Les dossiers du Musée national des arts et traditions populaires,* n° 2).

Les véritables tentatives de synthèse sur l'histoire de la couleur dans la civilisation occidentale n'existent pas. En revanche, sur tel ou tel aspect particulier, il existe quelques travaux ayant des vues synthétiques :
Brusatin (Manlio), *Storia dei colori,* 2e éd., Turin, 1983 (traduction française, Paris, 1986 ; malgré son titre trompeur, ne concerne presque exclusivement que l'histoire des couleurs dans la peinture et l'art).
Brunello (Franco), *L'arte della tintura nella storia dell'umanita,* Vicenza, 1968 (la seule histoire générale des pratiques de teinture).

Mais l'ouvrage indispensable est désormais :
Gage (John), *Color and culture. Practice and Meaning from Antiquity to Abstraction,* Londres, 1993 (malgré son titre, il n'étudie cependant pas l'histoire des pratiques sociales de la couleur mais seulement les rapports de celle-ci avec l'histoire de l'art et l'histoire des sciences).

Les ouvrages techniques consacrés à la teinturerie sont très nombreux et de qualité inégale. Un répertoire clair et

commode est celui de L. Nencki :
Nencki (Lydia), *La science des teintures animales et végétales,* Paris, 1981.

Parmi les travaux des anthropologues, des sociologues et des spécialistes de la publicité, je recommande comme lectures « de base » :
Berlin (Brent) et Kay (Paul), *Basic Color Terms,* Berkeley, 1969 (ouvrage d'anthropologie, cherchant des universaux en matière de couleur à partir des faits de lexique ; l'ouvrage a été très critiqué - à juste titre - mais a eu le mérite de relancer les travaux sur la couleur dans plusieurs disciplines).
Birren (Faber), *Color. A Survey in Words and Pictures,* New-York, 1961 (bonne synthèse par un auteur polygraphe de la couleur).
Deribéré (Maurice), *La couleur dans les activités humaines,* Paris, 1968 (fait le lien entre les problèmes physiques et optiques et les pratiques matérielles de la couleur ; faible pour tout ce qui concerne les aspects idéologiques et symboliques).
Heller (Eva), *Wie Farben wirken,* Hambourg, 1989 (probablement le meilleur ouvrage destiné aux publicitaires et consacré à la signification historique - esquissée très rapidement - et actuelle de chacune des principales couleurs).

Sur la place de la couleur dans l'espace urbain et le paysage construit, on aura plaisir à consulter trois très beaux livres :
Brino (Giovanni) et Rosso (Franco), *Colore e città. Il piano dei colori di Torino, 1800-1850*, Milan, 1980.
Lenclos (Jean-Philippe et Dominique), *Les couleurs de la France. Maisons et paysages,* Paris, 1982 ; *Les couleurs de l'Europe. Géographie de la couleur*, Paris, 1995.

Contrairement à ce que l'on pourrait croire, les écrits des grands artistes, spécialement des peintres, sur la couleur sont souvent décevants. Ils tombent fréquemment dans une prétention à la scientificité ou dans un psychologisme rudimentaire qui vieillissent extrêmement vite (ainsi presque tout ce qui émane des peintres et des architectes du Bauhaus). Les artistes sont fréquemment en quête d'une vérité de la couleur, qui évidemment ne résiste pas aux analyses historiques, sociales ou anthropologiques. Les travaux des philosophes, en revanche, affrontent mieux l'usure du temps. On lira ou relira donc avec profit :

Newton (Isaac), *Optiks, or a Treatise of Reflexions, Refractions, Inflections and Colours of Light*, Londres, 1704 (trad. latine, Paris, 1706).

Gœthe (Wolfgang), *Zur Farbenlehre*, Tübingen, 1810, et *Materialen zur Geschichte der Farbenlehre*, Munich, 1971 (traduction française des deux ouvrages, Paris, 1973).

Wittgenstein (Ludwig), *Bemerkungen über die Farben*, Francfort, 1979 (traduction française, Paris, 1983 ; essentiel pour tout ce qui concerne les rapports entre la couleur et le langage, la logique et les faits de perception).

Pour terminer cette bibliographie, on me permettra de citer mes propres études sur la couleur, préparatoires au présent dictionnaire et à des travaux futurs :

Ouvrages

Traité d'héraldique, Paris, 1979.

Figures et couleurs. Études sur la symbolique et la sensibilité médiévales, Paris, 1986.

Couleurs, images, symboles. Études d'histoire et d'anthropologie, Paris, 1989.

L'Étoffe du Diable. Une histoire des rayures et des tissus rayés, Paris, 1991.

Figures de l'héraldique, Paris, Gallimard, 1996.
Jésus chez le teinturier. Couleurs et teintures dans l'Occident médiéval, Paris, Le Léopard d'or, 1998.
Les emblèmes de la France, Paris, Bonneton, 1998.

Articles

« Vogue et perception des couleurs dans l'Occident médiéval : le témoignage des armoiries », dans *Actes du 102e Congrès national des sociétés savantes, section de philologie et d'histoire* (Limoges, 1977), Paris, 1979, tome II, p. 81-102.
« Et puis vint le bleu », dans *Europe*, n° 654, oct. 1983, p. 43-50.
« Formes et couleurs du désordre : le jaune avec le vert », dans *Médiévales*, n° 4, mai 1983, p. 62-73.
« Couleurs, décors, emblèmes », dans Centre d'études médiévales de Nice, *Matériaux pour l'histoire des cadres de vie dans l'Europe occidentale (1050-1250)*, Nice, 1984, p. 103-108.
« Figures et couleurs péjoratives en héraldique médiévale », dans *Communicaciones al XVe congreso de las ciencias genealogica y heraldica* (Madrid, sept. 1982), Madrid, 1983-1984, tome III, p. 293-309.
« Vizi e virtu dei colori nella sensibilità medicevale », dans *Rassegna*, anno VII, n° 23, septembre 1985, p. 5-13.
« Les couleurs aussi ont une histoire », dans *L'Histoire*, n° 92, sept. 1986, pp. 46-54.
« Le bleu en peinture », dans *Sophie. Revue de mode et de philosophie*, n° 2, 1986, p. 30-32.
« L'Umo e il colore », Rome, 1987, 64 p. (Storia e dossier).
« Vers une histoire de la couleur bleue », dans *Sublime indigo* (exposition, Marseille, été 1987), Fribourg, 1987, p. 19-27.
« Tous les gauchers sont roux », dans *Le Genre humain*, n° 16-17, 1988, p. 343-354.

« Du bleu au noir. Éthiques et pratiques de la couleur à la fin du Moyen Age », dans *Médiévales*, t. XIV, juin 1988, pp. 9-22.
« Du vague des drapeaux », dans *Le Genre humain*, n° 20, 1989, p. 119-134.
« *Ordo colorum*. Notes sur la naissance des couleurs liturgiques », dans *La Maison-Dieu*, t. 176, 1989, p. 54-66.
« L'Église et la couleur, des origines à la Réforme », dans *Bibliothèque de l'École des chartes*, t. 147, 1989, p. 203-230.
« Ceci est mon sang. Le christianisme médiéval et la couleur rouge», dans Alexandre-Bidon (Danièle) éd., *Le Pressoir mystique. Actes du colloque de Recloses*, Paris, 1990, p. 43-56.
« Different cultures define color differently », dans Hope (Augustine) et Walch (Margaret) éd., *The Color Compendium*, New-York, 1990, p. 13-16.
« Les couleurs du stade », dans *Vingtième Siècle. Revue d'histoire*, n° 26, avril-juin 1990 (« Le football, sport du siècle »), p. 11-18.
« La couleur et l'historien », dans Guineau (Bernard) éd., *Pigments et colorants de l'Antiquité et du Moyen Age*, Paris, 1990, p. 21-40.
« Une histoire des couleurs est-elle possible ? », dans *Ethnologie française*, vol. 20/4, oct.-déc. 1990, p. 368-377.
« Le regard héraldique », dans *Les cahiers du Musée national d'art moderne*, tome 37, automne 1991, p. 22-31.
« La Réforme et la couleur », dans *Bulletin de la Société d'histoire du Protestantisme français*, tome 138, juil.-sept. 1992, p. 323-342.
« Couleur, Design et consommation de masse. Histoire d'une rencontre difficile (1880-1960) », dans *Design, miroir du siècle*, exposition, Paris, Grand Palais, 1993. Paris, Flammarion, 1993, p. 337-342.
« Entre vert et noir. Petit dictionnaire historique de la couleur bleue », dans *Azur*, exposition, Fondation Cartier, Jouy-en Josas, 1993, Paris, 1993, p. 254-264.
« Les couleurs de la mort », dans Alexandre-Bidon (D.) et

Treffort (C.), éd., *A réveiller les morts. La mort au quotidien dans l'Occident médiéval,* Lyon, 1993, p. 97-108.

« La couleur verte au XVIe siècle : traditions et mutations », dans Jones-Davies (M.-T), éd., *Shakespeare. Le monde vert : rites et renouveau,* Paris, Les Belles Lettres, 1995, p. 28-38.

« Morales de la couleur. Le chromoclasme de la Réforme », dans *Cahiers du Léopard d'or,* tome 4, 1995, p. 27-46.

« Un nouvel objet d'histoire : la couleur », dans *Revue des deux mondes,* sept. 1995, p. 112-119.

« Mensonges et vérités de la couleur à l'aube des Lumières », dans Rodari (F.), dir., *Anatomie de la couleur. L'invention de l'estampe en couleurs*, exposition, Paris, Bibliothèque nationale de France, 1996, p. 91-93.

« Jésus teinturier. Histoire symbolique et sociale d'un métier réprouvé », dans *Médiévales,* n°29, automne 1995, p. 47-63.

« La promotion de la couleur bleue au XIIIe siècle : le témoignage de l'héraldique et de l'emblématique », dans *Il colore nel medioevo. Arte, simbolo, tecnica.* Atti delle Giornate di studi (Lucca, 5-6 maggio 1995), Lucca, 1996, p. 7-16.

« Pour une histoire des couleurs », dans *Techné,* vol. 4 (« La couleur et ses pigments »), 1996, p. 6-8.

« La couleur en noir et blanc (XVe-XVIIIe siècle) », dans *Le livre et l'historien. Etudes offertes en l'honneur du Professeur Henri-Jean Martin,* Genève, 1997, p. 197-213.

« Voir les couleurs au XIIIe siècle », dans *Micrologus. Nature, Science and Medieval Societies,* vol VI (View and Vision in the Middle Ages) ,1998, tome 2, p. 147-165.

Index

Ne sont pas repris dans cet index les termes et notions qui reviennent pour ainsi dire à chaque page (ainsi *blanc*, *bleu*, code, couleur, *jaune*, *noir*, nuance, objet, produit, *rouge*, société, symbole, système, teinte, *vert*, etc.)

C

D

E

F

G

H

I

J

L

Q

R

S

T

U

V

W

Y

Table des notices

Table des matières

Chez le même éditeur

Encyclopédies Bonneton (60 titres) : *Anjou, Berry, Loire-Atlantique, Savoie...*

Dictionnaires du français régional (24 titres)

mais aussi :

Les Emblèmes de la France, Michel Pastoureau

Dormir, les 1001 rituels du sommeil, Denise Glück

Dictionnaire des lunettes, Astrid Vitols

Danser en société (bals et danses d'hier et d'aujourd'hui), Henri Joannis-Deberne

Jeux de société traditionnels, Anne-Christine Beauviala

etc.

Achevé d'imprimer par Corlet, Imprimeur, S.A. - 14110 Condé-sur-Noireau (France)
N° d'Imprimeur : 38725 - Dépôt légal : mai 1999 - *Imprimé en U.E.*